Italienske Smagsoplevelser

En Kulinarisk Rejse gennem det Italienske Køkken

Sofia Smagsfortæller

INDEKS

Grillede marinerede svinekoteletter 9

Ribben, Friuli stil 11

Ribben med tomatsauce 13

Krydrede ribben, toscansk stil 15

Ribben og bønner 17

Krydrede svinekoteletter med syltede peberfrugter 19

Svinekoteletter med rosmarin og æbler 21

Svinekoteletter med champignon og tomatsauce 23

Svinekoteletter med porcini og rødvin 25

Svinekoteletter med kål 27

Svinekoteletter med fennikel og hvidvin 29

Svinekoteletter, pizzamagerstil 31

Svinekoteletter, Molise-stil 33

Balsamico svinemørbrad med rucola og parmesan 35

Svinekam med krydderurter 38

Calabrisk svinemørbrad med honning og chile 40

Flæskesteg med kartofler og rosmarin 43

Svinekam med citron 45

Svinekam med æbler og grappa 48

Flæskesteg med hasselnødder og fløde 50

Toscansk svinekam 53

Flæskesteg med fennikel 55

Stegt pattegris 57

Udbenet svinekamsteg 60

Flæskeskulder stegt i mælk 63

Flæskesteg med vindruer 65

Ølstegt Flæskskulder 67

Lammekoteletter med hvidvin 69

Lammekoteletter med kapers, citron og salvie 71

Sprødtoppede lammekoteletter 73

Lammekoteletter med artiskokker og oliven 75

Lammekoteletter med tomatsauce, kapers og ansjoser 77

"Brænd dine fingre" Lammekoteletter 79

Grillet lam, Basilicata stil 81

Grillede lammespyd 83

Lammegryderet med rosmarin, mynte og hvidvin 85

Umbrisk lammegryderet med kikærtepuré 88

Lam i jægerstil 91

Lamme-, kartoffel- og tomatgryderet 94

Lamme- og pebergryderet 96

Lammegryde med æg 98

Lam eller ged med kartofler, siciliansk stil 101

Apuliansk lamme- og kartoffelgryde 104

Lammeskank med kikærter 107

Lammeskank med peberfrugt og skinke 109

Lammeskank med kapers og oliven 112

Lammeskank i tomatsauce 114

Lammesteg med nelliker, romersk stil 116

Appelsiner i appelsinsirup 119

Appelsiner Gratin med Zabaglione 121

Hvide ferskner i Asti Spumante 123

Fersken i rødvin 124

Fersken fyldt med Amaretti 125

Pære i appelsinsauce 127

Pærer med Marsala og fløde 129

Pærer med varm chokoladesauce 131

Pærer krydret med rom 133

Pærer krydret med Pecorino 135

Ristede rosenkål 138

Rosenkål med Pancetta 140

Guldkål med hvidløg 142

Hakket kål med kapers og oliven 144

Kål med røget pancetta 146

Stegte Tidsler 147

Tidsler med Parmigiano-Reggiano ... 149

Flødetidsler ... 151

Gulerødder og majroer med Marsala ... 153

Ristede gulerødder med hvidløg og oliven ... 155

Gulerod i fløde ... 157

Søde og sure gulerødder ... 159

Aubergine marineret med hvidløg og mynte ... 161

Grillet aubergine med frisk tomatsauce ... 163

Aubergine og Mozzarella "Sandwich" ... 165

Aubergine med hvidløg og krydderurter ... 167

Auberginestave i napolitansk stil med tomat ... 169

Aubergine fyldt med skinke og ost ... 171

Aubergine fyldt med ansjoser, kapers og oliven ... 174

Aubergine med eddike og krydderurter ... 177

Stegte aubergine koteletter ... 179

Aubergine med krydret tomatsauce ... 181

Aubergine parmigiana ... 183

Brændt fennikel ... 185

Fennikel med parmesanost ... 187

Fennikel med ansjossauce ... 189

Grønne bønner med persille og hvidløg ... 191

Grønne bønner med hasselnødder ... 193

Grønne bønner med grøn sauce 195

Grønne bønner salat 196

Grønne bønner i tomat- og basilikumsauce 198

Grønne bønner med Pancetta og løg 200

Grønne bønner med tomat og pancetta sauce 202

Grønne bønner med parmesan 204

Voksbønner med oliven 206

Spinat med citron 208

Spinat eller andet grønt med smør og hvidløg 210

Spinat med rosiner og pinjekerner 212

Spinat med ansjos, Piemonte-stil 214

Escarole med hvidløg 216

Mælkebøtte med kartofler 218

Svampe med hvidløg og persille 220

Grillede marinerede svinekoteletter

Braciole di Maiale ai Ferri

Giver 6 portioner

Dette er en god opskrift på hurtige sommermiddage. For at teste svinekoteletter for færdighed, lav et lille snit nær knoglen. Kødet skal stadig være let rosa.

1 kop tør hvidvin

1/4 kop olivenolie

1 lille løg, skåret i tynde skiver

1 fed hvidløg, finthakket

1 spsk hakket frisk rosmarin

1 spsk hakket frisk salvie

6 centerskårne koteletter af svinekam, cirka 3/4 tomme tykke

Citronskiver, til pynt

1. Kom vin, olivenolie, løg, hvidløg og krydderurter i en ovnfast fad, der er stor nok til at holde koteletterne i et enkelt lag. Tilsæt koteletterne, læg låg på og stil på køl i mindst 1 time.

to. Placer en grill eller grill omkring 5 tommer fra varmekilden. Forvarm grillen eller grillen. Tør koteletterne med køkkenrulle.

3. Grill kødet i 5 til 8 minutter, eller indtil det er godt brunet. Vend koteletterne med en tang og steg på den anden side i 6 minutter, eller indtil de er brune og lidt rosa, når de skæres tæt ind til benet. Serveres varm, pyntet med citronskiver.

Ribben, Friuli stil

Spuntature af Maiale alla Friulana

Gør 4 til 6 portioner

Hos Fruili tilberedes koteletter langsomt, indtil kødet er mørt og falder af benet. Server dem med kartoffelmos eller en simpel risotto.

2 hjemmelavede kopperBouilloneller købt oksebouillon

3 pund svinekoteletter, skåret i individuelle ribben

3/4 kop universalmel

Salt og friskkværnet sort peber

3 skeer olivenolie

1 stort løg, hakket

2 mellemstore gulerødder, hakket

1/2 kop tør hvidvin

1. Tilbered bouillon evt. Tør ribbenene med køkkenrulle.

to. Bland på et stykke bagepapir mel og salt og peber efter smag. Overtræk ribbenene med mel og ryst for at fjerne overskydende.

3. I en stor, tung pande opvarmes olien over medium varme. Tilføj så mange ribben, som der er plads til i et enkelt lag, og brun dem godt på alle sider, cirka 15 minutter. Overfør ribbenene til en tallerken. Gentag indtil alle ribben er brunet. Dræn alt undtagen 2 spsk fedt.

4. Tilsæt løg og gulerødder til gryden. Kog, omrør lejlighedsvis, indtil let brunet, cirka 10 minutter. Tilsæt vinen og kog i 1 minut, skrab op og rør eventuelle brunede stykker fra bunden af gryden op med en træske. Kom ribbenene tilbage i gryden og tilsæt bouillon. Bring væsken i kog. Reducer varmen til lav, læg låg på, og kog under omrøring af og til i cirka 1 1/2 time, eller indtil kødet er meget mørt og falder væk fra knoglerne. (Tilsæt vand, hvis kødet er for tørt.)

5. Overfør ribbenene til et opvarmet fad og server straks.

Ribben med tomatsauce

Spuntature med Pomodoro

Gør 4 til 6 portioner

Min mand og jeg spiste koteletter som disse på en yndlingsosteria, en afslappet familierestaurant i Rom kaldet Enoteca Corsi. Det er kun åbent til frokost, og menuen er meget begrænset. Men hver dag er den fuld af horder af arbejdere fra nærliggende kontorer, tiltrukket af dens meget rimelige priser og lækre hjemmelavede mad.

2 skeer olivenolie

3 pund svinekoteletter, skåret i individuelle ribben

Salt og friskkværnet sort peber

1 mellemstor løg, finthakket

1 mellemstor gulerod, finthakket

1 mør ribben selleri, finthakket

2 fed hvidløg, finthakket

4 hakkede salvieblade

1/2 kop tør hvidvin

2 kopper flåede tomater på dåse

1.I en hollandsk ovn eller bred, tung gryde, opvarm olien over medium varme. Tilføj lige nok af ribbenene til at passe behageligt i gryden. Brun dem godt på alle sider, cirka 15 minutter. Overfør ribbenene til en tallerken. Drys med salt og peber. Fortsæt med de resterende ribben. Når alt er klar, fjern alt på nær 2 spsk fedt.

to.Tilsæt løg, gulerod, selleri, hvidløg og salvie og kog indtil det er visnet, cirka 5 minutter. Tilsæt vinen og kog i 1 minut, rør rundt med en træske og skrab op og bland eventuelle brunede stykker i bunden af gryden.

3.Kom ribbenene tilbage i gryden. Tilsæt tomater, salt og peber efter smag. Kog i 1 til 1 1/2 time, eller indtil ribbenene er meget møre og kødet falder af benet.

4.Overfør ribben og tomatsauce til en tallerken og server med det samme.

Krydrede ribben, toscansk stil

Spuntature i Toscana

Gør 4 til 6 portioner

Sammen med venner fra olivenoliefirmaet Lucini besøgte jeg en olivenavlers hus i Chianti-regionen i Toscana. Vores gruppe journalister spiste frokost i en olivenlund. Efter flere bruschette og salami fik vi serveret bøf, pølser, ribben og grøntsager, alt sammen grillet over vinudskæringer. Svineribbene marineret i en smagfuld olivenolie og knuste krydderier var min favorit, og vi prøvede alle at gætte, hvad der var i blandingen. Kanel og fennikel var nemme, men vi blev alle overraskede over at høre, at et andet krydderi var stjerneanis. Jeg kan godt lide at bruge baby back ribs til denne opskrift, men ribben ville også være fint.

2 anisstjerner

1 spsk fennikelfrø

6 enebær, knust let med siden af en tung kniv

1 spsk kosher eller fint havsalt

1 tsk kanel

1 tsk fintkværnet sort peber

Knip knust rød peber

4 skeer olivenolie

4 pounds baby back ribs, skåret i individuelle ribben

1.Kombiner stjerneanis, fennikel, enebær og salt i en krydderikværn eller blender. Kværn indtil fint, cirka 1 minut.

to.Kombiner indholdet af krydderimøllen med kanel og sort og rød peber i en stor, lav skål. Tilsæt olivenolien og rør godt rundt. Gnid blandingen over hele ribbenene. Læg ribbenene i skålen. Dæk til med plastfolie og stil på køl i 24 timer under omrøring af og til.

3.Placer en grill eller grill omkring 6 tommer fra varmekilden. Forvarm grillen eller grillen. Dup ribbenene tørre, og grill eller grill dem, vend dem ofte, indtil de er brune og gennemstegte, cirka 20 minutter. Serveres varm.

Ribben og bønner

Puntini og Fagioli

Giver 6 portioner

Når jeg ved, at jeg har en travl uge forude, kan jeg godt lide at lave gryderetter som denne. De bliver kun bedre, når de er lavet i forvejen og behøver kun en hurtig genopvarmning for at lave en tilfredsstillende middag. Server med kogte grøntsager, såsom spinat eller endivie, eller en grøn salat.

2 skeer olivenolie

3 pund svinekoteletter i landlig stil, skåret i individuelle ribben

1 hakket løg

1 gulerod, hakket

1 fed hvidløg, finthakket

2 1/2 pund friske tomater, skrællede, frøet og hakkede, eller 1 dåse flåede tomater, hakkede

1 (3-tommer) kvist rosmarin

1 kop vand

Salt og friskkværnet sort peber

3 kopper kogte eller dåse cannellini eller tranebærbønner, drænet

1. I en stor hollandsk ovn eller en anden dyb, tung gryde med tætsluttende låg opvarmes olien over middel varme. Tilføj lige nok af ribbenene til at passe behageligt i gryden. Brun dem godt på alle sider, cirka 15 minutter. Overfør ribbenene til en tallerken. Drys med salt og peber. Fortsæt med de resterende ribben. Når alt er klar, hældes alt ud på nær 2 spsk fedt.

to. Tilsæt løg, gulerod og hvidløg til gryden. Kog under jævnlig omrøring, indtil grøntsagerne er møre, cirka 10 minutter. Tilsæt ribbenene, derefter tomater, rosmarin, vand og salt og peber efter smag. Sæt over lav varme og kog i 1 time.

3. Tilsæt bønnerne, læg låg på og kog i 30 minutter eller indtil kødet er meget mørt og falder væk fra benet. Smag til og juster krydderier. Serveres varm.

Krydrede svinekoteletter med syltede peberfrugter

Braciole di Maiale med Peperoncini

Giver 4 portioner

Varm syltede peberfrugter og søde syltede peberfrugter er en god topping til saftige svinekoteletter. Juster proportionerne af peberfrugt og chili, så det passer til din smag. Server dem med fritter.

2 skeer olivenolie

4 center-udskårne svinekam koteletter, hver omkring 1 tomme tyk

Salt og friskkværnet sort peber

4 fed hvidløg, skåret i tynde skiver

11/2 kopper skåret syltede peberfrugter

1/4 kop skåret syltede peberfrugter, såsom peperoncini eller jalapeños, eller mere sød peber

2 spsk syltesaft eller hvidvinseddike

2 spsk hakket frisk persille

1. I en stor, tung stegepande opvarmes olien over medium-høj varme. Dup koteletterne tørre med køkkenrulle og drys med salt og peber. Kog koteletterne, indtil de er brune, cirka 2 minutter, og vend dem derefter med en tang og brun dem på den anden side, cirka 2 minutter mere.

to. Reducer varmen til medium. Fordel hvidløgsskiverne rundt om koteletterne. Dæk gryden til og kog i 5 til 8 minutter, eller indtil koteletterne er møre og let lyserøde, når de skæres tæt ind til benet. Juster varmen, så hvidløgene ikke bliver mørkebrune. Overfør koteletter til et fad og dæk til for at holde dem varme.

3. Tilsæt de søde og varme peberfrugter og syltningssaft eller eddike til stegepanden. Kog under omrøring i 2 minutter, eller indtil peberfrugten er gennemvarmet og saften er sirupsagtig.

4. Bland persillen. Hæld grydens indhold over koteletterne og server med det samme.

Svinekoteletter med rosmarin og æbler

Braciole al Mele

Giver 4 portioner

Den søde og sure smag af æbler er et perfekt supplement til svinekoteletter. Denne opskrift er fra Friuli-Venezia Giulia.

4 center-cut svinekoteletter, hver omkring 1 tomme tyk

Salt og friskkværnet sort peber

1 spsk hakket frisk rosmarin

1 ske usaltet smør

4 lækre gyldne æbler, skrællet og skåret i 1/2-tommers stykker

1/2 kopKyllingefond

1.Tør kødet med køkkenrulle. Drys koteletter på begge sider med salt, peber og rosmarin.

to.I en stor, tung stegepande smeltes smørret over medium varme. Tilsæt koteletterne og steg, indtil de er godt brunede på den ene side, cirka 2 minutter. Vend koteletterne med en tang og brun på den anden side, cirka 2 minutter mere.

3. Fordel æblerne rundt om koteletterne og hæld bouillon i. Dæk bradepanden til og sænk varmen. Kog ca. 5 til 10 minutter, vend koteletterne én gang, indtil de er møre og let lyserøde, når de skæres tæt ind til benet. Server straks.

Svinekoteletter med champignon og tomatsauce

Costolette di Maiale med Funghi

Giver 4 portioner

Når du køber svinekoteletter, skal du kigge efter koteletter af samme størrelse og tykkelse, så de koger jævnt. Hvide svampe, vin og tomater er saucen til disse svinekoteletter. Samme behandling er også god til kalvekoteletter.

4 skeer olivenolie

4 center-udskårne svinekam koteletter, hver omkring 1 tomme tyk

Salt og friskkværnet sort peber

1/2 kop tør hvidvin

1 kop hakkede friske eller dåsetomater

1 spsk hakket frisk rosmarin

1 pakke hvide svampe, let skyllet, afstilket og skåret i halve eller kvarte, hvis de er store

1. I en stor, tung stegepande, opvarm 2 spsk olie over medium varme. Drys koteletter med salt og peber. Læg koteletterne i gryden i et enkelt lag. Kog indtil de er godt brunede på den ene side, cirka 2 minutter. Vend koteletterne med en tang og brun på den anden side, cirka 1 til 2 minutter længere. Overfør koteletterne til en tallerken.

to. Tilsæt vinen i gryden og bring det i kog. Tilsæt tomater, rosmarin og salt og peber efter smag. Dæk til og kog i 10 minutter.

3. I mellemtiden opvarmes de resterende 2 spsk olie i en mellemstor stegepande over medium varme. Tilsæt svampe, salt og peber efter smag. Kog under jævnlig omrøring, indtil væsken fordamper, og svampene er brune, cirka 10 minutter.

4. Kom svinekoteletterne tilbage i gryden med tomatsaucen. Tilsæt svampene. Dæk til og kog i yderligere 5 til 10 minutter, eller indtil svinekødet er gennemstegt og saucen er lidt tyk. Server straks.

Svinekoteletter med porcini og rødvin

Costolette med Funghi og Vino

Giver 4 portioner

Brunning af koteletter eller andre udskæringer af kød tilføjer smag og forbedrer deres udseende. Dup altid koteletter tørre før bruning, da overfladefugt vil få kødet til at dampe og ikke brune. Efter bruning tilberedes disse koteletter med tørret porcini og rødvin. Et strejf af fløde giver saucen en glat tekstur og rig smag.

1 ounce tørrede porcini-svampe

1 1/2 dl varmt vand

2 skeer olivenolie

4 centerskårne koteletter af svinekam, cirka 1 tomme tykke

Salt og friskkværnet sort peber

1/2 kop tør rødvin

1/4 kop tung fløde

1. Læg svampene i en skål med vandet. Lad det hvile i 30 minutter. Fjern svampene fra væsken og vask dem godt under rindende vand, og vær særlig opmærksom på bunden af stænglerne, hvor jorden samler sig. Afdryp, og hak derefter fint. Hæld udblødningsvæsken gennem et dørslag foret med kaffefilter i en skål.

to. I en stor stegepande opvarmes olivenolien over medium varme. Tør koteletterne. Læg koteletterne i gryden i et enkelt lag. Kog indtil godt brunet, cirka 2 minutter. Vend koteletterne med en tang og brun på den anden side, cirka 1 til 2 minutter længere. Drys med salt og peber. Overfør koteletterne til en tallerken.

3. Tilsæt vinen i gryden og kog i 1 minut. Tilsæt porcini og dens udblødningsvæske. Reducer varmen til lav. Kog i 5 til 10 minutter, eller indtil væsken reduceres. Tilsæt fløden og kog i yderligere 5 minutter.

4. Kom koteletterne tilbage i gryden. Kog i yderligere 5 minutter, eller indtil koteletterne er gennemstegte og saucen er tyknet. Server straks.

Svinekoteletter med kål

Costolette di Maiale med Cavolo Rosso

Giver 4 portioner

Balsamicoen tilfører farve og sødme til rødkålen og giver en fin balance til svinekødet. Det er ikke nødvendigt at bruge en lagret balsamicoeddike til denne opskrift. Gem den til brug som smagsgiver til ost eller kogt kød.

2 skeer olivenolie

4 centerskårne koteletter af svinekam, cirka 1 tomme tykke

Salt og friskkværnet sort peber

1 stort løg, hakket

2 store fed hvidløg, finthakket

2 kilo rødkål, skåret i tynde strimler

1/4 kop balsamicoeddike

2 skeer vand

1. I en stor stegepande opvarmes olivenolien over medium varme. Tør koteletterne med køkkenrulle. Kom koteletterne i gryden. Kog indtil godt brunet, cirka 2 minutter. Vend kødet med en tang og brun på den anden side, cirka 1 til 2 minutter længere. Drys med salt og peber. Overfør koteletterne til en tallerken.

to. Tilsæt løget i gryden og steg 5 minutter. Tilsæt hvidløg og steg i yderligere 1 minut.

3. Tilsæt kål, balsamicoeddike, vand og salt efter smag. Dæk til og kog under omrøring af og til, indtil kålen er mør, cirka 45 minutter.

4. Tilsæt koteletterne i gryden og kog, vend koteletterne en eller to gange i saucen, indtil kødet er gennemstegt og let rosa, når det skæres tæt ind til benet, cirka 5 minutter mere. Server straks.

Svinekoteletter med fennikel og hvidvin

Braciole di Maiale al Vino

Giver 4 portioner

Der er ikke meget sauce i gryden, når disse koteletter laves, kun en spiseskefuld eller to koncentreret glasur til at fugte kødet. Hvis du foretrækker ikke at bruge fennikelfrø, så prøv at erstatte en spiseskefuld frisk rosmarin.

2 skeer olivenolie

4 centerskårne koteletter af svinekam, cirka 1 tomme tykke

1 fed hvidløg, let knust

Salt og friskkværnet sort peber

2 teskefulde fennikelfrø

1 kop tør hvidvin

1. I en stor stegepande opvarmes olivenolien over medium-høj varme. Dup svinekoteletterne tørre. Tilsæt svinekoteletter og hvidløg til gryden. Kog indtil koteletterne er gyldenbrune, cirka 2 minutter. Drys med fennikelfrø og salt og peber. Vend kotelettterne med en tang og brun på den anden side, cirka 1 til 2 minutter længere.

to. Tilsæt vinen og bring det i kog. Dæk til og kog i 3 til 5 minutter, eller indtil koteletterne er gennemstegte og lyserøde, når de skæres tæt ind til benet.

3.Kom koteletterne over på en tallerken og kassér hvidløget. Kog pandesaften, indtil den reduceres og danner sirup. Hæld saften over koteletterne og server med det samme.

Svinekoteletter, pizzamagerstil

Braciole alla Pizzaiola

Giver 4 portioner

I Napoli kan svinekoteletter og små bøffer også tilberedes alla pizzaiola, pizzaiolo-stil. Saucen serveres typisk med spaghetti som første ret. Koteletterne serveres som anden ret med en grøn salat. Der skal være sauce nok til et halvt kilo spaghetti, med en skefuld eller deromkring til at servere sammen med koteletterne.

2 skeer olivenolie

4 svinekoteletter, cirka 1 tomme tykke

Salt og friskkværnet sort peber

2 store fed hvidløg, finthakket

1 dåse flåede tomater, drænet og hakket

1 tsk tørret oregano

Hak stødt rød peber

2 spsk hakket frisk persille

1.I en stor stegepande opvarmes olivenolien over medium varme. Dup koteletter tørre og drys med salt og peber. Kom koteletterne i gryden. Kog indtil koteletterne er gyldenbrune, cirka 2 minutter. Vend koteletterne med en tang og brun på den anden side, cirka 2 minutter mere. Overfør koteletterne til en tallerken.

to. Tilsæt hvidløg til gryden og steg i 1 minut. Tilsæt tomater, oregano, rød peber og salt efter smag. Bring saucen i kog. Kog, under omrøring af og til, i 20 minutter, eller indtil saucen tykner.

3.Kom koteletterne tilbage i saucen. Kog i 5 minutter, vend koteletterne en eller to gange, indtil de er gennemstegte og let rosa, når de skæres tæt ind til benet. Drys med persille. Server straks, eller hvis du bruger spaghetti sauce, dæk koteletterne med folie for at holde dem varme.

Svinekoteletter, Molise-stil

Pampanella Sammartinese

Giver 4 portioner

Disse koteletter er krydrede og usædvanlige. Tidligere tørrede Molises kokke deres egne røde peberfrugter i solen for at lave paprika. I dag bruges kommercielt fremstillet sød paprika i Italien. I USA skal du bruge paprika importeret fra Ungarn for den bedste smag.

Det er svært at grille svinekoteletter, fordi de meget let kan tørre ud. Hold øje med dem omhyggeligt og steg dem lige indtil kødet er let rosa tæt ved benet.

1/4 kop sød paprika

2 fed hvidløg, hakket

1 tsk salt

Knust rød peber

2 skeer hvidvinseddike

4 centerskårne koteletter af svinekam, cirka 1 tomme tykke

1. I en lille skål kombineres paprika, hvidløg, salt og en generøs knivspids knust rød peber. Tilsæt eddike og rør til det er glat. Læg koteletterne på en tallerken og pensl dem på alle sider med pastaen. Dæk til og stil på køl i 1 time til natten over.

to. Placer en grill eller grill omkring 6 tommer fra varmekilden. Forvarm grillen eller grillen. Kog svinekoteletterne, indtil de er brune på den ene side, cirka 6 minutter, vend derefter kødet med en tang og brun den anden side, cirka 5 minutter mere. Skær koteletter tæt på benet; kødet skal være let rosa. Server straks.

Balsamico svinemørbrad med rucola og parmesan

Maiale ved Balsamico med Insalata

Giver 6 portioner

Svinekam er hurtigstegning og lavt fedtindhold. Her er glaserede flæskeskiver sat sammen med en sprød rucolasalat. Hvis du ikke kan finde rucola, så udskift den med brøndkarse.

2 svinemørbrad (ca. 1 pund hver)

1 fed hvidløg, finthakket

1 skefuld balsamicoeddike

1 tsk honning

Salt og friskkværnet sort peber

Salat

2 skeer olivenolie

1 skefuld balsamicoeddike

Salt og friskkværnet sort peber

6 kopper trimmet rucola, vasket og tørret

Et stykke Parmigiano-Reggiano

1.Sæt en rist i midten af ovnen. Forvarm ovnen til 450 ° F. Smør en bradepande, der er stor nok til at rumme svinekødet.

to.Dup svinekødet tørt med køkkenrulle. Fold de tynde ender under for at få en jævn tykkelse. Læg mørbraderne omkring en tomme fra hinanden i gryden.

3.I en lille skål kombineres hvidløg, eddike, honning, salt og peber efter smag.

4.Pensl blandingen over kødet. Sæt flæsket i ovnen og steg i 15 minutter. Hæld 1/2 dl vand rundt om kødet. Bages i yderligere 10 til 20 minutter eller indtil de er gyldne og møre. (Svinekød er færdigt, når den indre temperatur når 150°F på et termometer med øjeblikkelig aflæsning.) Fjern svinekød fra ovnen. Lad det stå på bagepladen og lad det hvile i mindst 10 minutter.

5.I en stor skål piskes olie, eddike, salt og peber sammen efter smag. Tilsæt rucola og bland med saucen. Læg rucolaen i midten af et stort fad eller individuelle tallerkener.

6. Skær svinekødet i tynde skiver og arranger rundt om grøntsagerne. Dryp med pandesaft. Brug en roterende grøntsagsskræller til at barbere tynde skiver af Parmigiano-Reggiano over rucolaen. Server straks.

Svinekam med krydderurter

Filetto di Maiale alle Erbe

Giver 6 portioner

Svinekam er nu let tilgængelige, normalt pakket to til en pakke. De er magre og møre, hvis de ikke er gennemstegte, selvom smagen er meget mild. Grillning giver dem ekstra smag og kan serveres lune eller ved stuetemperatur.

2 svinemørbrad (ca. 1 pund hver)

2 skeer olivenolie

2 spsk hakket frisk salvie

2 spsk hakket frisk basilikum

2 spsk hakket frisk rosmarin

1 fed hvidløg, finthakket

Salt og friskkværnet sort peber

1. Tør kødet med køkkenrulle. Læg svinemørbradene på en tallerken.

to.I en lille skål kombineres olie, krydderurter, hvidløg, salt og peber efter smag. Gnid blandingen over lænden. Dæk til og stil på køl i mindst 1 time eller op til natten over.

3.Forvarm grillen eller grillen. Grill lændene i 7 til 10 minutter, eller indtil de er gyldne. Vend kødet med en tang og steg i yderligere 7 minutter, eller indtil et termometer, der er sat ind i midten, viser 150 ° F. Drys med salt. Lad kødet hvile 10 minutter inden det skæres i skiver. Serveres varm eller ved stuetemperatur.

Calabrisk svinemørbrad med honning og chile

Kød 'ncatarata

Giver 6 portioner

Kokke i Calabrien inkorporerer mere end nogen anden region i Italien peber i deres madlavning. Peberfrugt bruges frisk, tørret, stødt eller knust til flager eller pulver - som paprika eller cayennepeber.

I Castrovillari spiste min mand og jeg på Locanda di Alia, en elegant restaurant og kro på landet. Den mest berømte restaurant i regionen drives af brødrene Alia. Gaetano er kokken, mens Pinuccio styrer forsiden af huset. Deres speciale er svinekød marineret med fennikel og peber i en honning- og pebersauce. Pinuccio forklarede, at opskriften, som er mindst to hundrede år gammel, blev lavet med syltet svinekød, saltet og kureret for flere måneder siden. Dette er en mere forenklet måde at gøre det på.

Fennikelpollen kan findes i mange special-urte- og kryddeributikker. (At seKilder.) Knust fennikelfrø kan bruges, hvis pollen ikke er tilgængelig.

2 svinemørbrad (ca. 1 pund hver)

2 skeer honning

1 tsk salt

1 tsk fennikelpollen eller knuste fennikelfrø

Knip knust rød peber

1/2 kop appelsinjuice

2 skeer paprika

1. Sæt en rist i midten af ovnen. Forvarm ovnen til 425 ° F. Smør en bradepande, der er stor nok til at rumme svinekødet.

to. Fold de tynde kanter af mørbradene under for at få en jævn tykkelse. Læg mørbraderne omkring en tomme fra hinanden i gryden.

3. I en lille skål kombineres honning, salt, fennikelpollen og knust rød peber. Pensl blandingen over kødet. Sæt flæsket i ovnen og steg i 15 minutter.

4. Hæld appelsinsaften rundt om kødet. Bages i yderligere 10 til 20 minutter, eller indtil de er gyldne og møre. (Svinekød er færdigt, når den indre temperatur når 150°F på et

øjeblikkeligt aflæst termometer.) Overfør svinekød til et skærebræt. Dæk med alufolie og hold varmt, mens du forbereder saucen.

5.Stil bradepanden over middel varme. Tilsæt paprikaen og kog, skrab bunden af gryden, i 2 minutter.

6.Skær svinekødet i skiver og server med saucen.

Flæskesteg med kartofler og rosmarin

Arista di Maiale med Patate

Gør 6 til 8 portioner

Alle elsker denne flæskesteg – den er nem at lave, og kartoflerne suger til sig smagen fra flæsket, mens de steger sammen i samme gryde. Uimodståelig.

1 center-skåret udbenet svinekam (ca. 3 pund)

2 spsk hakket frisk rosmarin

2 spsk hakket frisk hvidløg

4 skeer olivenolie

Salt og friskkværnet sort peber

2 pund nye kartofler, skåret i halve eller kvarte, hvis de er store

1. Sæt en rist i midten af ovnen. Forvarm ovnen til 425 ° F. Smør en bradepande, der er stor nok til at rumme svinekød og kartofler uden at trænge sig sammen.

to. I en lille skål laver du en pasta med rosmarin, hvidløg, 2 spsk olivenolie og en generøs mængde salt og peber. Smid kartoflerne i gryden med de resterende 2 spsk olie og halvdelen af hvidløgspastaen. Skub kartoflerne til siden og læg kødet med fedtsiden opad i midten af gryden. Gnid eller fordel den resterende pasta over hele kødet.

3. Bages 20 minutter. Vend kartoflerne. Reducer varmen til 350 ° F. Bag 1 time længere, vend kartofler hvert 20. minut. Kødet er færdigt, når svinekødets indre temperatur når 150°F på et øjeblikkeligt aflæst termometer.

4. Overfør kødet til et skærebræt. Dæk løst med aluminiumsfolie og lad hvile 10 minutter. Kartoflerne skal være gyldne og bløde. Øg eventuelt varmen og kog dem lidt længere.

5. Skær kødet i skiver og anret det på et varmt fad omgivet af kartoflerne. Serveres varm.

Svinekam med citron

Maiale med citron

Gør 6 til 8 portioner

Stegt svinekam med citronskal er en fantastisk søndagsmiddag. Jeg serverer den med langsomt kogte cannellinibønner og en grøn grøntsag som broccoli eller rosenkål.

Mørbradsommerfugl er rimelig nem at lave, hvis man følger instruktionerne; ellers skal du bede slagteren om at klare det.

1 center-skåret udbenet svinekam (ca. 3 pund)

1 tsk citronskal

2 fed hvidløg, finthakket

2 spsk hakket frisk persille

2 skeer olivenolie

Salt og friskkværnet sort peber

1/2 kop tør hvidvin

1. Sæt en rist i midten af ovnen. Forvarm ovnen til 425 ° F. Smør en bradepande, der er stor nok til at rumme kødet.

to. I en lille skål kombineres citronskal, hvidløg, persille, olie og salt og peber efter smag.

3. Tør kødet med køkkenrulle. For at sommerfugle svinekødet, læg det på et skærebræt. Med en lang, skarp kniv, såsom en udbeningskniv eller kokkekniv, skærer du svinekødet næsten i halve på langs, og stop cirka 3/4 tomme fra den ene langside. Åbn kødet som en bog. Fordel citron- og hvidløgsblandingen over kødsiden. Rul svinekødet fra den ene side til den anden som en pølse og bind det med køkkengarn med 2-tommers mellemrum. Drys ydersiden med salt og peber.

4. Læg kødet med fedtsiden opad i den forberedte bradepande. Bages 20 minutter. Reducer varmen til 350 ° F. Bag 40 minutter længere. Tilsæt vinen og steg i yderligere 15 til 30 minutter, eller indtil temperaturen på et øjeblikkeligt termometer når 150 °F.

5. Overfør stegen til et skærebræt. Dæk kødet løst med alufolie. Lad hvile 10 minutter før skæring. Stil gryden på komfuret

over medium varme og reducer pandesaften lidt. Skær svinekødet i skiver og kom det over på et fad. Hæld saften over kødet. Serveres varm.

Svinekam med æbler og grappa

Maiale med Mele

Gør 6 til 8 portioner

Æbler og løg kombineres med grappa- og rosmarinsmag i denne velsmagende svinekam fra Friuli-Venezia Giulia.

1 center-skåret udbenet svinekam (ca. 3 pund)

1 spsk hakket frisk rosmarin, plus mere til pynt

Salt og friskkværnet sort peber

2 skeer olivenolie

2 Granny Smith eller andre æbler, skrællet og skåret i tynde skiver

1 lille løg, skåret i tynde skiver

1/4 kop grappa eller brandy

1/2 kop tør hvidvin

1.Sæt en rist i midten af ovnen. Forvarm ovnen til 350 ° F. Smør let en bradepande, der er stor nok til at rumme kødet.

to. Gnid svinekødet med rosmarin, salt og peber efter smag og olivenolie. Læg kødet med fedtsiden opad i gryden og omring det med æble- og løgskiverne.

3. Hæld grappa og vin over kødet. Bages i 1 time og 15 minutter, eller indtil et øjeblikkeligt termometer indsat i midten viser 150 ° F. Overfør kødet til et skærebræt og dæk med folie for at holde det varmt.

4. Æbler og løg skal være bløde. Hvis ikke, så sæt gryden tilbage i ovnen og bag i yderligere 15 minutter.

5. Når de er bløde, skal du skrælle æbler og løg i en foodprocessor eller blender. Purér indtil glat. (Tilsæt en eller to spiseskefulde varmt vand for at fortynde blandingen, hvis det er nødvendigt.)

6. Skær kødet i skiver og læg det på et opvarmet fad. Læg æble- og løgmosen på den ene side. Pynt med frisk rosmarin. Serveres varm.

Flæskesteg med hasselnødder og fløde

Ansigt af Maiale alle Nocciole

Gør 6 til 8 portioner

Dette er en variation af en Piemonte-stegt svinekødsopskrift, der først dukkede op i min bog Italiensk feriemadlavning. Her beriger cremen sammen med hasselnødderne saucen.

1 center-skåret udbenet svinekam (ca. 3 pund)

2 spsk hakket frisk rosmarin

2 store fed hvidløg, finthakket

2 skeer olivenolie

Salt og friskkværnet sort peber

1 kop tør hvidvin

1/2 kop hasselnødder, ristet, flået og groft hakket (seHvordan man rister og skræller valnødder)

1 hjemmelavet kopBouillonellerKyllingefond, eller købt oksekød eller kylling bouillon

1/2 kop tung fløde

1.Sæt en rist i midten af ovnen. Forvarm ovnen til 425 ° F. Smør en bradepande, der er stor nok til at rumme kødet.

to.I en lille skål kombineres rosmarin, hvidløg, olie, salt og peber efter smag. Læg kødet med fedtsiden opad i gryden. Gnid hvidløgsblandingen over hele svinekødet. Bag kødet i 15 minutter.

3.Hæld vinen over kødet. Kog i yderligere 45 til 60 minutter, eller indtil temperaturen på svinekødet når 150 ° F på et øjeblikkeligt termometer, og kødet er mørt, når det gennembores med en gaffel. Tilbered imens hasselnødderne evt.

4.Overfør kødet til et skærebræt. Dæk med aluminiumsfolie for at holde varmen.

5.Sæt gryden over medium varme på komfuret og bring saften i kog. Tilsæt bouillon og kog i 5 minutter, skrab op og rør eventuelle brunede stykker i bunden af gryden op med en træske. Tilsæt fløden og kog indtil den er let tyknet, cirka 2 minutter længere. Tilsæt de hakkede valnødder og tag dem af varmen.

6.Skær kødet i skiver og anret skiverne på et lunt fad. Hæld saucen over svinekødet og server varmt.

Toscansk svinekam

Arista di Maiale

Gør 6 til 8 portioner

Her er en klassisk toscansk flæskesteg. At koge kød med ben gør det meget mere smagfuldt, og benene er også gode til at gnave.

3 store fed hvidløg

2 skeer frisk rosmarin

Salt og friskkværnet sort peber

2 skeer olivenolie

1 udbenet midterste ribbensteg, omkring 4 pund

1 kop tør hvidvin

1. Sæt en rist i midten af ovnen. Forvarm ovnen til 325 ° F. Smør en bradepande, der er stor nok til at holde stegen.

to. Hak hvidløg og rosmarin fint sammen og kom dem i en lille skål. Tilsæt salt og peber efter smag og bland godt, indtil der dannes en pasta. Læg stegefedtsiden opad i bradepanden.

Brug en lille kniv til at skære dybe snit hen over hele overfladen af svinekødet og stikke blandingen ind i åbningerne. Gnid hele stegen med olivenolien.

3.Steg i 1 time og 15 minutter eller indtil kødet når en indre temperatur på 150°F på et øjeblikkeligt termometer. Overfør kødet til et skærebræt. Dæk med aluminiumsfolie for at holde varmen. Lad det hvile i 10 minutter.

4.Sæt gryden over lav varme på toppen af komfuret. Tilsæt vinen og kog, skrab op og rør eventuelle brunede stykker i bunden af gryden op med en træske, indtil let reduceret, cirka 2 minutter. Hæld saften gennem en sigte i en skål og skum fedtet af. Genopvarm evt.

5.Skær kødet i skiver og læg det på et opvarmet fad. Serveres varm med pandesaften.

Flæskesteg med fennikel

Porchetta

Giver 12 portioner

Dette er min version af det fantastiske flæskesteg kendt som porchetta, der sælges i hele det centrale Italien, inklusive Lazio, Umbrien og Abruzzo. Skiveskåret svinekød sælges i specielle lastbiler, og du kan bestille det i en sandwich eller pakket ind i papir med hjem. Selvom kødet er lækkert, er det sprøde svineskind den bedste del.

Stegen koges i lang tid og ved høj temperatur, fordi den er meget tæt. Det høje fedtindhold holder kødet fugtigt og skindet brunt og sprødt. En frisk skinke kan erstatte svinekødet.

1 (7 pund) stegt svinekød

8 til 12 fed hvidløg

2 spsk hakket frisk rosmarin

1 spsk fennikelfrø

1 skefuld salt

1 tsk friskkværnet sort peber

1/4 kop olivenolie

1. Cirka 1 time før du begynder at stege kødet, skal du tage det ud af køleskabet.

to. Hak hvidløg, rosmarin, fennikel og salt fint og kom krydderierne i en lille skål. Bland peber og olie til en jævn pasta.

3. Med en lille kniv laver du dybe snit i overfladen af svinekødet. Indsæt pastaen i hullerne.

4. Sæt en rist i den nederste tredjedel af ovnen. Forvarm ovnen til 350 ° F. Når den er klar, skal du placere stegen i ovnen og stege i 3 timer. Fjern overskydende fedt. Steg kødet 1 til 11/2 time længere, eller indtil temperaturen når 160°F på et øjeblikkeligt termometer. Når kødet er færdigt vil fedtet være sprødt og dybt nøddebrunt.

5. Overfør kødet til et skærebræt. Dæk med aluminiumsfolie for at holde varmen og lad hvile i 20 minutter. Skær og server varmt eller ved stuetemperatur.

Stegt pattegris

Maialino Arrosto

Gør 8 til 10 portioner

En pattegrise er en, der ikke har fået lov til at spise voksengrisemad. I USA vejer smågrise generelt mellem 15 og 20 pund, selvom de i Italien er halvt så store. Selv ved den højere vægt er der ikke meget kød i en pattegris, så planlæg ikke at servere mere end otte til ti gæster. Sørg også for at have en bageplade, der er meget stor til at rumme en hel pattegris, som vil være omkring 30 centimeter lang, og sørg for, at din ovn vil rumme bageformen. Enhver god slagter bør være i stand til at skaffe en frisk pattegris til dig, men stil spørgsmål før planlægning.

Sardinske kokke er berømte for deres pattegris, men jeg har spist det mange steder i Italien. Det, jeg husker bedst, var en del af en mindeværdig frokost på Majo di Norante-vingården i Abruzzo.

1 smågris, ca 15 kilo

4 fed hvidløg

2 spsk hakket frisk persille

1 spsk hakket frisk rosmarin

1 spsk hakket frisk salvie

1 tsk enebær, hakket

Salt og friskkværnet sort peber

6 skeer olivenolie

2 laurbærblade

1 kop tør hvidvin

Æble, appelsin eller anden frugt til dekoration (valgfrit)

1.Sæt en rist i den nederste tredjedel af ovnen. Forvarm ovnen til 425 ° F. Smør en bradepande, der er stor nok til at rumme svinekødet.

to. Vask grisen godt inde og ude og tør med køkkenrulle.

3.Hak hvidløg, persille, rosmarin, salvie og enebær og kom krydderierne i en lille skål. Tilsæt en generøs mængde salt og friskkværnet peber. Tilsæt to spiseskefulde olivenolie.

4. Læg grisen på siden på en stor bageplade i det tilberedte bradefad og fordel urteblandingen inde i kropshulen. Tilsæt laurbærbladene. Skær stænger omkring 1/2 tomme dybe langs begge sider af rygraden. Gnid den resterende olie over hele overfladen af grisen. Dæk ører og hale med aluminiumsfolie. (Hvis du vil servere grisen hel med et æble eller anden frugt i munden, åbner du munden med en kugle folie på størrelse med frugten.) Drys udenpå med salt og peber.

5. Steg flæsket i 30 minutter. Reducer varmen til 350 ° F. Hæld vin i. Steg i yderligere 2 til 21/2 time, eller indtil et øjeblikkeligt aflæst termometer indsat i den kødfulde del af numsen registrerer 170 ° F. Drys hvert 20. minut med pandesaft.

6. Overfør grisen til et stort skærebræt. Dæk med aluminiumsfolie og lad hvile i 30 minutter. Fjern foliebeklædningen og foliekuglen fra munden, hvis du bruger. Erstat frugten med foliekuglen, hvis du bruger den. Overfør til et fad og server varmt.

7. Skum fedtet fra pandesaften og varm op igen ved svag varme. Hæld saften over kødet. Server straks.

Udbenet svinekamsteg

Maiale i Porchetta

Gør 6 til 8 portioner

Udbenet svinekam er stegt med de samme krydderier, som bruges til porchetta (spydstegt pattegris) i mange dele af det centrale Italien. Efter en kort periode med tilberedning ved høj varme sænkes ovntemperaturen, hvilket holder kødet mørt og saftigt.

4 fed hvidløg

1 skefuld frisk rosmarin

6 friske salvieblade

6 enebær

1 tsk salt

1/2 tsk friskkværnet sort peber

1 center-skåret udbenet svinekam, omkring 3 pund

Ekstra jomfru oliven olie

1 kop tør hvidvin

1.Sæt en rist i midten af ovnen. Forvarm ovnen til 450 ° F. Smør en bradepande, der er stor nok til at rumme svinekødet.

to.Hak hvidløg, rosmarin, salvie og enebær meget fint. Bland urteblandingen, salt og peber.

3.Brug en stor, skarp kniv til at skære kødet på langs ned i midten, og lad det sidde fast på den ene side. Åbn kødet som en bog og fordel to tredjedele af krydderiblandingen over kødet. Luk kødet og bind det med sejlgarn med 2-tommers mellemrum. Gnid den resterende krydderiblanding udenpå. Læg kødet i gryden. Dryp med olivenolie.

4.Bag svinekødet i 10 minutter. Reducer varmen til 300°F og steg i yderligere 60 minutter, eller indtil den indre temperatur af svinekødet når 150°F.

5.Tag stegen ud på et fad og dæk med alufolie. Lad det hvile i 10 minutter.

6.Tilsæt vinen til gryden og sæt den over medium varme på komfuret. Kog, skrab eventuelle brune stykker op i gryden med en træske, indtil saften er reduceret og sirupsagtig. Skær svinekødet i skiver og hæld pandesaften over. Serveres varm.

Flæskeskulder stegt i mælk

Maiale al Latte

Gør 6 til 8 portioner

I Lombardiet og Veneto tilberedes kalvekød, svinekød og kylling nogle gange i mælk. Dette holder kødet mørt, og når det er færdigt, laver mælken en cremet sauce til at servere til kødet.

Grøntsager, pancetta og vin giver smag. Jeg bruger en udbenet skulder- eller numsesteg til denne ret, fordi den tager godt til langsom og fugtig tilberedning. Kødet tilberedes på komfuret, så du behøver ikke tænde for ovnen.

1 udbenet svinekødsskulder eller numsesteg (ca. 3 pund)

4 ounce finthakket pancetta

1 gulerod, finthakket

1 lille ribben mør selleri

1 mellemstor løg, finthakket

1 liter mælk

Salt og friskkværnet sort peber

1/2 kop tør hvidvin

1. Kombiner svinekød, pancetta, gulerødder, selleri, løg, mælk og salt og peber i en stor hollandsk ovn eller en anden dyb, tung gryde med et tætsluttende låg. Bring væsken i kog ved middel varme.

to. Dæk gryden delvist til, og kog over medium varme, vend af og til, i cirka 2 timer, eller indtil kødet er mørt, når det gennembores med en gaffel.

3. Overfør kødet til et skærebræt. Dæk med aluminiumsfolie for at holde varmen. Øg varmen under gryden og kog indtil væsken er reduceret og let brunet. Hæld saften gennem en sigte i en skål, og hæld derefter væsken tilbage i gryden.

4. Hæld vinen i gryden og bring det i kog, skrab op og rør eventuelle brunede stykker i med en træske. Skær svinekødet i skiver og anret det på et lunt fad. Hæld kogevæsken over toppen. Serveres varm.

Flæskesteg med vindruer

Maiale all'Uva

Gør 6 til 8 portioner

Svinekødsskulder eller numse er særligt godt til at braisere. Det forbliver dejligt fugtigt på trods af det lange opkog. Jeg plejede at lave denne sicilianske opskrift med svinekam, men nu synes jeg, at lænden er for mager, og skulderen har mere smag.

1 pund perleløg

3 pund udbenet svinekød skulder eller numse, rullet og bundet

2 skeer olivenolie

Salt og friskkværnet sort peber

1/4 kop hvidvinseddike

1 pund frøfri, afstilkede grønne druer (ca. 3 kopper)

1. Bring en stor gryde vand i kog. Tilsæt løgene og steg i 30 sekunder. Dræn og afkøl under koldt rindende vand.

to. Brug en skarp kniv til at skrabe enderne af rødderne af. Skær ikke enderne for dybt, ellers falder løgene fra hinanden under tilberedningen. Fjern skindet.

3.I en hollandsk ovn, der er stor nok til at rumme kødet eller en anden dyb, tung gryde med et tætsluttende låg, opvarmes olien over medium-høj varme. Dup svinekødet tørt med køkkenrulle. Læg svinekødet i gryden og brun det godt på alle sider, cirka 20 minutter. Vip gryden og fjern fedtet. Drys svinekødet med salt og peber.

4.Tilsæt eddike og bring det i kog, og skrab eventuelle brunede stykker op i bunden af gryden med en træske. Tilsæt løg og 1 kop vand. Reducer varmen til lav og lad det simre i 1 time.

5.Tilsæt druerne. Kog i yderligere 30 minutter, eller indtil kødet er meget mørt, når det gennembores med en gaffel. Overfør kødet til et skærebræt. Dæk med aluminiumsfolie for at holde varmen og lad hvile i 15 minutter.

6.Skær svinekødet i skiver og anret det på et lunt fad. Tilsæt vindrue- og løgsaucen og server med det samme.

Ølstegt Flæskskulder

Maiale alla Birra

Giver 8 portioner

Frisk svineskank tilberedes på denne måde i Trentino-Alto Adige, men da denne udskæring ikke er almindeligt tilgængelig i USA, bruger jeg de samme aromater til at tilberede en steg med ben. Der vil være meget fedt i slutningen af kogetiden, men dette kan nemt fjernes fra overfladen af kogevæsken. Endnu bedre, tilbered svinekødet dagen før servering og afkøl kødet og kogesaften separat. Fedtet hærder og kan nemt fjernes. Varm svinekødet op i kogevæsken inden servering.

5 til 7 pund udbenet svinekødsskulder (picnic eller Boston-røv)

Salt og friskkværnet sort peber

2 skeer olivenolie

1 mellemstor løg, finthakket

2 fed hvidløg, finthakket

2 kviste frisk rosmarin

2 laurbærblade

12 oz øl

1.Dup svinekødet tørt med køkkenrulle. Drys alt kødet med salt og peber.

to.I en stor hollandsk ovn eller en anden dyb, tung gryde med tætsluttende låg opvarmes olien over middel varme. Læg svinekødet i gryden og brun det godt på alle sider, cirka 20 minutter. Fjern alt undtagen 1 eller 2 spiseskefulde fedt.

3.Fordel løg, hvidløg, rosmarin og laurbærblade rundt om kødet og steg i 5 minutter. Tilsæt øllet og bring det i kog.

4.Dæk gryden til og steg, vend kødet af og til, i 2 1/2 til 3 timer, eller indtil kødet er mørt, når det gennembores med en kniv.

5.Si pandesaften og fjern fedtet. Skær svinekødet i skiver og server med pandesaften. Serveres varm.

Lammekoteletter med hvidvin

Braciole di Agnello al Vino Bianco

Giver 4 portioner

Her er en grundlæggende måde at tilberede lammekoteletter på, som kan laves med møre lænd- eller ribbenudskæringer eller koteletter, der er sejere, men meget billigere. For at få den bedste smag skal du trimme overskydende fedt fra kødet og koge koteletter, indtil de er lyserøde i midten.

2 skeer olivenolie

8 kød- eller ribbenslammekoteletter, 1 tomme tykke, trimmet

4 fed hvidløg, let knust

3 eller 4 (2-tommer) kviste rosmarin

Salt og friskkværnet sort peber

1 kop tør hvidvin

1. I en stegepande, der er stor nok til at holde koteletterne behageligt i et enkelt lag, opvarmes olien over medium-høj varme. Når olien er varm, dup koteletterne tørre. Drys

koteletterne med salt og peber og læg dem i gryden. Kog indtil koteletterne er gyldenbrune, cirka 4 minutter. Fordel hvidløg og rosmarin rundt om kødet. Vend koteletterne med en tang og brun dem på den anden side, cirka 3 minutter. Overfør koteletterne til en tallerken.

to. Tilsæt vinen i gryden og bring det i kog. Kog, skrab op og rør i eventuelle brunede stykker fra bunden af gryden, indtil vinen er reduceret og tyknet lidt, cirka 2 minutter.

3.Kom koteletterne tilbage i gryden og kog i yderligere 2 minutter, vend dem i saucen en eller to gange, indtil de bliver lyserøde, når de skæres tæt ind til benet. Overfør koteletter til et fad, hæld pandesaft over koteletter og server straks.

Lammekoteletter med kapers, citron og salvie

Braciole di Agnello med Capperi

Giver 4 portioner

Vecchia Roma er en af mine foretrukne romerske restauranter. På kanten af den gamle ghetto er der en smuk udendørs have at spise i, når vejret er varmt og solrigt, men jeg kan også godt lide det hyggelige interiør i spisestuerne, når det er koldt eller regnfuldt. Dette lam er inspireret af en ret, jeg prøvede der lavet med lammeklumper. I stedet tilpassede jeg den til møre koteletter, fordi de er bredt tilgængelige her.

1 skefuld olivenolie

8 kød- eller ribbenslammekoteletter, 1 tomme tykke, trimmet

Salt og friskkværnet sort peber

1/2 kop tør hvidvin

3 spsk frisk citronsaft

3 spsk kapers, vasket og hakket

6 friske salvieblade

1. I en stor stegepande opvarmes olivenolien over medium-høj varme. Tør koteletterne. Når olien er varm, drysses med salt og peber og koteletterne lægges i gryden. Kog indtil koteletterne er gyldenbrune, cirka 4 minutter. Vend koteletterne med en tang og brun dem på den anden side, cirka 3 minutter. Overfør koteletterne til en tallerken.

to. Hæld fedtet fra panden. Reducer varmen til lav. Bland vin, citronsaft, kapers og salvie i gryden. Bring det i kog og kog i 2 minutter eller indtil let sirupsagtig.

3. Kom koteletterne tilbage i gryden og vend dem en eller to gange, indtil de er gennemvarme og bliver lyserøde, når de skæres tæt ind til benet. Server straks.

Sprødtoppede lammekoteletter

Sprød Braciolette

Giver 4 portioner

I Milano spiste jeg gedekoteletter tilberedt på denne måde, ledsaget af artiskokhjerter stegt i samme sprøde overtræk. Romerne bruger små koteletter af lam i stedet for ged og udelader osten. Uanset hvad er en sprød blandet salat det perfekte tilbehør.

8 til 12 rib-eye lammekoteletter, ca. 3/4 tomme tykke, godt trimmet

2 store æg

Salt og friskkværnet sort peber

1 1/4 dl almindeligt, tørt brødkrummer

1/2 kop friskrevet Parmigiano-Reggiano

Olie til stegning

1. Læg koteletterne på et skærebræt og bank forsigtigt kødet til 1/2 tomme tykkelse.

to. Pisk æggene i et lavt fad med salt og peber efter smag. Fordel brødkrummer og ost på en plade med bagepapir.

3. Dyp koteletterne en ad gangen i æggene, rul dem derefter i rasp, pisk krummerne godt.

4. Tænd ovnen på den laveste indstilling. Hæld cirka 1/2 tomme af olien i en dyb stegepande. Varm olien op over medium-høj varme, indtil noget af æggeblandingen koger hurtigt, når det falder ned i olien. Brug en tang og læg forsigtigt nogle af koteletterne i olien uden at trænge panden. Kog til de er gyldne og sprøde, 3 til 4 minutter. Vend koteletter med tang og brun, 3 minutter. Dræn koteletterne på køkkenrulle. Hold de stegte koteletter lune i ovnen, mens du steger resten. Serveres varm.

Lammekoteletter med artiskokker og oliven

Costolette di Agnello ai Carciofi e Olive

Giver 4 portioner

Alle ingredienserne i denne ret koges i samme gryde, så de komplementære smage fra lam, artiskokker og oliven blander sig blidt. En lys grøntsag som gulerødder eller ristede tomater ville være en god sideret.

2 skeer olivenolie

8 ribben eller lænd lammekoteletter, ca. 1 tomme tykke, trimmet

Salt og friskkværnet sort peber efter smag

2 skeer olivenolie

3/4 kop tør hvidvin

8 små eller 4 mellemstore artiskokker, trimmet og skåret i ottendedele

1 fed hvidløg, finthakket

1/2 kop små, glatte sorte oliven, såsom Gaeta

1 spsk hakket frisk persille

1.I en stegepande, der er stor nok til at holde koteletterne i et enkelt lag, opvarmes olien over medium varme. Tør lammet. Når olien er varm, drysses koteletterne med salt og peber og lægges i gryden. Kog indtil koteletterne er gyldenbrune, 3 til 4 minutter. Brug en tang til at vende koteletterne til brune på den anden side, cirka 3 minutter. Overfør koteletterne til en tallerken.

to. Skru varmen til medium-lav. Tilsæt vinen og bring det i kog. Kog 1 minut. Tilsæt artiskokker, hvidløg og salt og peber efter smag. Dæk gryden til og kog i 20 minutter eller indtil artiskokkerne er møre.

3.Tilsæt oliven og persille og kog i yderligere 1 minut. Kom koteletterne tilbage i gryden og steg, vend lammet en eller to gange, indtil det er gennemvarmet. Server straks.

Lammekoteletter med tomatsauce, kapers og ansjoser

Costelette d'Agnello i Salsa

Giver 4 portioner

En syrlig tomatsauce giver smag til disse ribben i Calabrisk stil. Svinekoteletter kan også tilberedes på denne måde.

2 skeer olivenolie

8 ribben eller lænd lammekoteletter, ca. 3/4 tomme tykke, trimmet

6 til 8 blommetomater, skrællet, frøet og hakket

4 hakkede ansjosfileter

1 spsk kapers, vasket og hakket

2 spsk hakket frisk persille

1. I en stegepande, der er stor nok til at holde koteletterne behageligt i et enkelt lag, opvarmes olien over medium varme. Når olien er varm, dup koteletterne tørre. Drys koteletterne med salt og peber, og tilsæt derefter koteletterne i gryden. Kog indtil koteletterne er gyldenbrune, cirka 4 minutter. Vend koteletterne med en tang og brun dem på den anden side, cirka 3 minutter. Overfør koteletterne til en tallerken.

to. Tilsæt tomater, ansjoser og kapers til gryden. Tilsæt et nip salt og peber efter smag. Kog i 5 minutter eller indtil den er lidt tyk.

3.Kom koteletterne tilbage i gryden og steg dem, vend dem en eller to gange i saucen, indtil de er gennemvarme og lyserøde, når de skæres tæt ind til benet. Drys med persille og server med det samme.

"Brænd dine fingre" Lammekoteletter

Agnello til Scottadito

Giver 4 portioner

I opskriften, der inspirerede denne ret, fra en gammel umbrisk kogebog, giver finthakket skinkefedt smag til lammet. De fleste kokke i dag erstatter olivenolie. Lammekoteletter er også gode på denne måde.

Formentlig kommer navnet fra tanken om, at koteletter er så lækre, at man ikke kan lade være med at spise dem med det samme – varme, direkte fra grillen eller panden.

¼ kop olivenolie

2 fed hvidløg, finthakket

1 spsk hakket frisk rosmarin

1 tsk hakket frisk timian

8 rib-eye lammekoteletter, ca. 1 tomme tykke, trimmet

Salt og friskkværnet sort peber

1. I en lille skål piskes olivenolie, hvidløg, krydderurter og salt og peber sammen efter smag. Pensl blandingen over lammet. Dæk til og stil på køl 1 time.

to. Placer en grill eller grill cirka 2 tommer væk fra varmekilden. Forvarm grillen eller grillen.

3. Skrab lidt af marinaden af. Steg eller grill koteletter, indtil de er brune og sprøde, cirka 5 minutter. Brug en tang til at vende koteletterne og stege, indtil de er brune og lige lyserøde i midten, cirka 5 minutter mere. Serveres varm.

Grillet lam, Basilicata stil

Agnelo allo Spiedo

Giver 4 portioner

Basilicata er måske bedst kendt for sit portræt i Christ Standing at Eboli af Carlo Levi. Forfatteren malede et dystert portræt af regionen før Anden Verdenskrig, hvor mange politiske fanger blev sendt i eksil. I dag trives Basilicata, selvom den stadig er tyndt befolket, med mange turister, der begiver sig dertil til de smukke strande nær Maratea.

Svinekød og lam er typisk kød fra denne region, og de to er kombineret i denne opskrift. Pancettaen, der omgiver lammeterningerne, er sprød og velsmagende. Det holder lammet fugtigt og giver smag, mens det griller.

1 1/2 pund udbenet lammelår, skåret i 2-tommers stykker

2 fed hvidløg, finthakket

1 spsk hakket frisk rosmarin

Salt og friskkværnet sort peber

4 ounce tyndt skåret pancetta

1⁄4 kop olivenolie

2 spsk rødvinseddike

1.Placer en grill eller grill omkring 5 tommer væk fra varmekilden. Forvarm grillen eller grillen.

to.I en stor skål kombineres lammet med hvidløg, rosmarin, salt og peber efter smag.

3.Rul pancettaskiverne ud. Vikl en skive pancetta omkring hvert stykke lammekød.

4.Træk lammet på træspyd, og fastgør pancettaen på plads med spyddet. Placer stykkerne sammen uden at trænge sig sammen. I en lille skål piskes olie og eddike sammen. Pensl blandingen over lammet.

5.Grill eller steg spyddene, vend dem af og til, indtil de er gyldenbrune – 5 til 6 minutter til medium-rare. Serveres varm.

Grillede lammespyd

Arrosticini

Giver 4 portioner

I Abruzzo marineres små stykker lammekød, træs på træspyd og grilles over et varmt bål. De kogte spyd serveres opretstående i et højt glas eller kande, og alle hjælper sig selv og spiser lammet direkte fra spyddene. De er gode til en buffet, serveret med ristede eller sauterede peberfrugter.

2 fed hvidløg

salt

1 pund lammeben, trimmet og skåret i 3/4-tommers stykker

3 spsk ekstra jomfru olivenolie

2 spsk hakket frisk mynte

1 tsk hakket frisk timian

Friskkværnet sort peber

1. Hak hvidløget meget fint. Drys hvidløget med en knivspids salt og mos det med siden af en stor, tung kniv, indtil det danner en fin pasta.

to. I en stor skål, smid lammet med hvidløgspasta, olie, krydderurter og salt og peber efter smag. Dæk til og mariner ved stuetemperatur i 1 time eller i køleskabet i flere timer eller natten over.

3. Placer en grill eller grill omkring 5 tommer fra varmekilden. Forvarm grillen eller grillen.

4. Træk kødet på spyd. Placer stykkerne sammen uden at trænge sig sammen. Grill eller steg lammet i 3 minutter, eller indtil det er brunet. Vend kødet med en tang og steg i yderligere 2 til 3 minutter, eller indtil det er brunet på ydersiden, men stadig lyserødt i midten. Serveres varm.

Lammegryderet med rosmarin, mynte og hvidvin

Agnello i Humido

Giver 4 portioner

Lammeskulder er ideel til stuvning. Kødet har fugt nok til at modstå lang, langsom tilberedning, og selvom det er sejt, hvis det koges sjældent, er det mørt i en gryderet. Hvis kun udbenet lammeskulder er tilgængelig, kan den tilpasses til gryderet opskrifter. Figur på et ekstra pund eller to udbenet kød, afhængigt af hvor benet det er. Kog lam på benet i cirka 30 minutter længere end uden ben, eller indtil kødet falder af benet.

2 1/2 pund udbenet lammeskulder, skåret i 2-tommers stykker

1/4 kop olivenolie

Salt og friskkværnet sort peber efter smag

1 stort løg, hakket

4 fed hvidløg, hakket

2 spsk hakket frisk rosmarin

2 spsk hakket frisk persille

1 spsk hakket frisk mynte

1/2 kop tør hvidvin

Cirka 1/2 kop oksebouillon (Bouillon) eller vand

2 skeer tomatpure

1. I en stor hollandsk ovn eller en anden dyb, tung gryde med tætsluttende låg opvarmes olien over middel varme. Tør lammet med køkkenrulle. Læg så mange stykker lammekød, som der er plads til i et enkelt lag i gryden. Kog, omrør ofte, indtil de er brunet på alle sider, cirka 20 minutter. Overfør det brunede lam til en tallerken. Drys med salt og peber. Tilbered resten af lammet på samme måde.

to. Når alt kødet er brunet, fjernes overskydende fedt. Tilsæt løg, hvidløg og krydderurter og rør godt. Kog indtil løget visner, cirka 5 minutter.

3. Tilsæt vinen og bring det i kog, skrab op og rør eventuelle brunede stykker i bunden af gryden. Kog 1 minut.

4. Tilsæt bouillon og tomatpuré. Reducer varmen til lav. Dæk til og kog i 1 time under omrøring af og til, eller indtil lammet er mørt. Tilsæt lidt vand, hvis saucen er for tør. Serveres varm.

Umbrisk lammegryderet med kikærtepuré

Agnello del Colle

Giver 6 portioner

Polenta og kartoffelmos er hyppige tilbehør til gryderetter i Italien, så jeg blev overrasket, da denne gryderet blev serveret med kikærtepuré i Umbrien. Dåse kikærter fungerer fantastisk, eller du kan koge tørrede kikærter på forhånd.

2 skeer olivenolie

3 pund udbenet lammeskulder, skåret i 2-tommers stykker

Salt og friskkværnet sort peber

2 fed hvidløg, finthakket

1 kop tør hvidvin

1 1/2 dl hakkede friske eller dåsetomater

1 pakke (10 ounce) hvide knapsvampe, skåret i skiver

2 dåser kikærter eller 5 kopper kogte kikærter

Ekstra jomfru oliven olie

1.I en stor hollandsk ovn eller en anden dyb, tung gryde med tætsluttende låg opvarmes olien over middel varme. Læg lige nok stykker lammekød i gryden til at passe behageligt i et enkelt lag. Kog, under omrøring lejlighedsvis, indtil de er brunet på alle sider, cirka 20 minutter. Overfør det brunede lam til en tallerken. Drys med salt og peber. Tilbered resten af lammet på samme måde.

to.Når alt kødet er brunet, fjernes overskydende fedt fra gryden. Fordel hvidløget i gryden og steg i 1 minut. Tilsæt vinen. Brug en træske til at skrab og rør i de brunede stykker i bunden af gryden. Bring i kog og kog i 1 minut.

3.Kom lammet tilbage i gryden. Tilsæt tomater og champignon og lad dem sautere. Reducer varmen til lav. Dæk og kog under omrøring af og til i 1 1/2 time, eller indtil lammet er mørt og saucen reduceret. Er der meget væske, så fjern låget de sidste 15 minutter.

4.Lige inden servering varmes kikærterne og deres væske op i en mellemstor gryde. Kom dem derefter over i en foodprocessor for at purere eller mos dem med en kartoffelmoser. Tilsæt lidt ekstra jomfru olivenolie og sort peber efter smag. Genopvarm evt.

5. Til servering lægges nogle kikærter på hver tallerken. Fold puréen i lammegryden. Serveres varm.

Lam i jægerstil

Agnello alla Cacciatora

Gør 6 til 8 portioner

Romerne laver denne lammegryderet med abbacchio, lam så ungt, at det aldrig har spist græs. Jeg synes, smagen af det modne lam passer bedst sammen med den hakkede rosmarin, eddike, hvidløg og ansjoser, der afslutter saucen.

4 pund udbenet lammeskulder, skåret i 2-tommers stykker

Salt og friskkværnet sort peber

2 skeer olivenolie

4 fed hvidløg, hakket

4 friske salvieblade

2 (2-tommer) kviste frisk rosmarin

1 kop tør hvidvin

6 ansjosfileter

1 tsk hakkede friske rosmarinblade

2 til 3 spiseskefulde eddike

1.Tør stykkerne med køkkenrulle. Drys dem med salt og peber.

to.I en stor hollandsk ovn eller en anden dyb, tung gryde med tætsluttende låg opvarmes olien over middel varme. Tilføj lige nok lam til at passe komfortabelt i ét lag. Kog, under omrøring, for at brune godt på alle sider. Overfør det brunede kød til en tallerken. Fortsæt med det resterende lam.

3.Når alt lammet er brunet, fjernes det meste af fedtet fra panden. Tilsæt halvdelen af hvidløg, salvie og rosmarin og rør rundt. Tilsæt vinen og kog i 1 minut, skrab op og rør eventuelle brunede stykker fra bunden af gryden op med en træske.

4.Kom lammestykkerne tilbage i gryden. Reducer varmen til lav. Dæk til og kog, under omrøring af og til, i 2 timer, eller indtil lammet er mørt og falder af benet. Tilsæt lidt vand, hvis væsken fordamper for hurtigt.

5. For at lave pestoen: Hak ansjoser, rosmarin og resterende hvidløg sammen. Læg dem i en lille skål. Bland lige nok af eddiken til at danne en pasta.

6. Rør pestoen i stuvningen og kog i 5 minutter. Serveres varm.

Lamme-, kartoffel- og tomatgryderet

Stufato di Agnello e Verdure

Gør 4 til 6 portioner

Selvom jeg normalt bruger lammeskulder til gryderet, bruger jeg nogle gange afpuds tilovers fra benet eller skanken. Konsistensen af disse udskæringer er lidt sejere, men de kræver mindre tilberedning og er stadig en god gryderet. Bemærk, at i denne syditalienske opskrift kommer kødet i gryden på én gang, så det kun brunes let, inden de øvrige ingredienser tilsættes.

1 stort løg, hakket

2 skeer olivenolie

2 pund udbenet ben eller skaft af lam, skåret i 1-tommers stykker

Salt og friskkværnet sort peber efter smag

1/2 kop tør hvidvin

3 kopper dåsetomater, drænet og hakket

1 spsk hakket frisk rosmarin

1 pund voksagtige kogende kartofler, skåret i 1-tommers stykker

2 gulerødder, skåret i 1/2 tomme tykke skiver

1 kop friske ærter eller frosne ærter, delvist optøet

2 spsk hakket frisk persille

1. I en stor hollandsk ovn eller en anden dyb, tung gryde med et tætsluttende låg, kog løget i olivenolien ved middel varme, indtil det er blødt, cirka 5 minutter. Tilsæt lammet. Kog under konstant omrøring, indtil stykkerne er let brunede. Drys med salt og peber. Tilsæt vinen og bring det i kog.

to. Tilsæt tomater og rosmarin. Reducer varmen til lav. Dæk til og kog i 30 minutter.

3. Tilsæt kartofler, gulerødder og salt og peber efter smag. Kog i yderligere 30 minutter under omrøring af og til, indtil lammet og kartoflerne er møre. Tilsæt ærterne og kog i yderligere 10 minutter. Drys med persille og server med det samme.

Lamme- og pebergryderet

Spezzato d'Agnello med Peperone

Giver 4 portioner

Peberfrugtens krydrethed og sødme og lammets rigdom gør dem til to fødevarer, der passer perfekt til hinanden. I denne opskrift er der ikke meget at gøre, når kødet er brunet, udover at røre i det af og til.

1/4 kop olivenolie

2 pund udbenet lammeskulder, skåret i 1 1/2-tommers stykker

Salt og friskkværnet sort peber efter smag

1/2 kop tør hvidvin

2 mellemstore løg, skåret i skiver

1 stor rød peberfrugt

1 stor grøn peberfrugt

6 blommetomater, pillede, udsået og hakket

1. I en stor ildfast fad eller hollandsk ovn opvarmes olien over medium varme. Tør lammet. Tilføj lige nok lammekød til panden, da det vil passe behageligt i et enkelt lag. Kog, under omrøring, indtil de er brunet på alle sider, cirka 20 minutter. Overfør det brunede lam til en tallerken. Fortsæt med at tilberede det resterende lam på samme måde. Drys alt kødet med salt og peber.

to. Når alt kødet er brunet, fjernes overskydende fedt. Tilsæt vinen til gryden og rør godt, og skrab eventuelle brunede stykker op. Bring det i kog.

3. Kom lammet tilbage i gryden. Tilsæt løg, peber og tomat. Reducer varmen til lav. Dæk gryden til og kog i 1 1/2 time eller til kødet er meget mørt. Serveres varm.

Lammegryde med æg

Agnello Cacio og Uova

Giver 6 portioner

Da æg og lam er forbundet med forår, er det naturligt at kombinere dem i opskrifter. I denne ret, populær i en eller anden form i hele det centrale og sydlige Italien, danner æg og ost en let cremet topping på en lammegryderet. Det er en typisk påskeopskrift, så hvis du vil lave den til et feriemåltid, skal du overføre den kogte gryderet til en dejlig grydeske, før du tilføjer toppingen. En kombination af lammekød fra ben og skulder gør teksturen mere interessant.

2 skeer olivenolie

2 mellemstore løg

3 pund udbenet lammeben og skulder, trimmet og skåret i 2-tommers stykker

Salt og friskkværnet sort peber efter smag

1 spsk finthakket rosmarin

1½ hjemmelavede kopperBouillonellerKyllingefond, eller købt oksekød eller kylling bouillon

2 kopper friske afskallede ærter eller 1 pakke (10 ounce) frosne ærter, delvist optøet

3 store æg

1 spsk hakket frisk persille

½ kop friskrevet Pecorino Romano

1.Sæt en rist i midten af ovnen. Forvarm ovnen til 425 ° F. I en hollandsk ovn eller en anden dyb, tung gryde med et tætsluttende låg, opvarm olien over medium varme. Tilsæt løg og lam. Kog under omrøring af og til, indtil lammet er let brunet på alle sider, cirka 20 minutter. Drys med salt og peber.

to.Tilsæt rosmarin og bouillon. Ryst godt. Dæk til og bag, under omrøring af og til, i 60 minutter eller indtil kødet er mørt. Tilsæt eventuelt lidt varmt vand for at forhindre lammet i at tørre ud. Tilsæt ærterne og kog i yderligere 5 minutter.

3. I en mellemstor skål piskes æg, persille, ost og salt og peber efter smag, indtil det er godt blandet. Hæld blandingen jævnt over lammet.

4. Bages uden låg i 5 minutter eller indtil æggene er sat. Server straks.

Lam eller ged med kartofler, siciliansk stil

Capretto eller Agnello al Forno

Gør 4 til 6 portioner

Baglio Elena, nær Trapani på Sicilien, er en gård, der producerer oliven, olivenolie og andre fødevarer. Det er også en kro, hvor besøgende kan stoppe for et måltid i en charmerende, rustik spisestue eller blive på ferie. Da jeg besøgte, blev der serveret en multi-retters middag med sicilianske specialiteter, der omfattede flere typer oliven tilberedt på forskellige måder, fremragende salami lavet på stedet, en række grøntsager og denne enkle gryderet. Kødet og kartoflerne tilberedes i ingen væske udover en lille mængde vin og saften fra kødet og grøntsagerne, hvilket skaber en symfoni af smag.

Kid er tilgængelig hos mange etniske slagtere, herunder haitiske, mellemøstlige og italienske. Det minder så meget om lam, at det kan være svært at kende forskel.

3 pund udbenet kid (ung ged) eller lammeskulder, skåret i 2-tommers stykker

2 skeer olivenolie

Salt og friskkværnet sort peber

2 løg, skåret i tynde skiver

1/2 kop tør hvidvin

1/4 tsk stødt nelliker

2 (2-tommer) kviste rosmarin

1 laurbærblad

4 mellemstore kartofler til alle formål, skåret i 1-tommers stykker

2 kopper cherrytomater, skåret i halve

2 spsk hakket frisk persille

1. Sæt en rist i midten af ovnen. Forvarm ovnen til 350 ° F. I en stor hollandsk ovn eller en anden dyb, tung gryde med et tætsluttende låg, opvarm olien over medium varme. Tør lammet med køkkenrulle. Tilføj lige nok kød til at passe i gryden uden at klumpe. Kog, vend stykkerne med en tang, indtil de er gyldenbrune på alle sider, cirka 15 minutter. Overfør stykkerne til en tallerken. Fortsæt med at tilberede det resterende kød på samme måde. Drys med salt og peber.

to. Når alt kødet er brunet, fjernes det meste af fedtet fra panden. Tilsæt løget og steg under omrøring af og til, indtil løget er blødt, cirka 5 minutter.

3. Kom kødet tilbage i gryden. Tilsæt vinen og bring det i kog. Kog i 1 minut under omrøring med en træske. Tilsæt nelliker, rosmarin, laurbærblad og salt og peber efter smag. Dæk gryden til og sæt den i ovnen. Kog 45 minutter.

4. Tilsæt kartoflerne og tomaterne. Dæk til og kog i yderligere 45 minutter, eller indtil kødet og kartoflerne er møre, når de gennembores med en gaffel. Drys med persille og server varm.

Apuliansk lamme- og kartoffelgryde

Tiella di Agnello

Giver 6 portioner

Ovnbagte lagdelte gryderetter er en apulisk specialitet. De kan laves med kød, fisk eller grøntsager, skiftevis med kartofler, ris eller brødkrummer. Tiella er et navn givet til både denne tilberedningsmetode og den type ret, som gryden tilberedes i. Den klassiske tiella er et dybt rundt fad lavet af terracotta, selvom der nu om dage bruges metalpander.

Tilberedningsmetoden er mere usædvanlig. Ingen af ingredienserne er brunede eller forkogte. Alt lægges ganske enkelt i lag og bages til det er mørt. Kødet bliver gennemstegt, men stadig fugtigt og lækkert, fordi stykkerne er omgivet af kartoflerne. Det nederste lag af kartofler er blødt og mørt og fyldt med kød og tomatjuice, mens det øverste lag er lige så sprødt som pommes frites, men alligevel meget mere velsmagende.

Til kødet bruges veltrimmede stykker lammelår. Jeg køber et halvt sommerfuglelam i supermarkedet, og skærer det derefter derhjemme i 2- til 3-tommers stykker og trimmer fedtet. Den er ideel til denne opskrift.

4 skeer olivenolie

2 kilo kogte kartofler, skrællet og skåret i tynde skiver

1/2 kop almindeligt, tørt brødkrummer

1/2 kop friskrevet Pecorino Romano eller Parmigiano-Reggiano

1 fed hvidløg, finthakket

1/2 kop hakket frisk persille

1 spsk hakket frisk rosmarin eller 1 tsk tørret

1/2 tsk tørret oregano

Salt og friskkværnet sort peber

2 1/2 pund udbenet lam, trimmet og skåret i 2- til 3-tommers stykker

1 kop drænede dåsetomater, hakkede

1 kop tør hvidvin

1/2 kop vand

1. Sæt en rist i midten af ovnen. Forvarm ovnen til 400 ° F. Fordel 2 spsk olie i en 13 × 9 × 2-tommer bageform. Tør kartoflerne og fordel omkring halvdelen af dem, overlappende dem lidt, på bunden af gryden.

to. I en mellemstor skål kombineres brødkrummer, ost, hvidløg, urter og salt og peber efter smag. Fordel halvdelen af krummeblandingen over kartoflerne. Arranger kødet over krummerne. Krydr kødet med salt og peber. Fordel tomaterne over kødet. Arranger de resterende kartofler ovenpå. Hæld vin og vand i. Fordel den resterende krummeblanding over det hele. Dryp med de resterende 2 spsk olivenolie.

3. Bages i 11/2 til 13/4 time, eller indtil kødet og kartoflerne er møre, når de gennembores med en gaffel, og alt er godt brunet. Serveres varm.

Lammeskank med kikærter

Stinco di Agnello med Ceci

Giver 4 portioner

Skinken skal koges længe og langsomt, men når den er færdig, er kødet fugtigt og smelter næsten i munden. Køber du lammeskank i supermarkedet, kan kødet trænge til ekstra afpudsning. Skær så meget fedt som muligt af med en lille udbeningskniv, men lad det tynde, perlefarvede betræk af kødet, kendt som sølvskindet, være intakt. Det hjælper kødet med at bevare sin form under tilberedning. Jeg bruger skafter til en række opskrifter, som italienerne ville lave med deres mindre lammelår.

2 skeer olivenolie

4 små lammeskank, godt trimmet

Salt og friskkværnet sort peber

1 lille løg, hakket

2 kopper oksebouillon (Bouillon)

1 kop flåede tomater, frøet og hakket

1/2 tsk tørret merian eller timian

4 gulerødder, skrællet og skåret i 1-tommers stykker

2 møre selleri ribben, skåret i 1-tommers stykker

3 kopper kogte kikærter eller 2 dåser (16 ounce), drænet

1. I en hollandsk ovn, der er stor nok til at holde skankene i et enkelt lag, eller en anden dyb, tung gryde med et tætsluttende låg, opvarmes olien over medium varme. Tør lammebenene og brun dem godt på alle sider, cirka 15 minutter. Vend panden og fjern overskydende fedt. Drys med salt og peber. Tilsæt løget og steg i yderligere 5 minutter.

to. Tilsæt bouillon, tomater og merian og bring det i kog. Reducer varmen til lav. Dæk til og kog i 1 time, vend skankene af og til.

3. Tilsæt gulerødder, selleri og kikærter. Kog i yderligere 30 minutter eller indtil kødet er mørt, når det gennembores med en lille kniv. Serveres varm.

Lammeskank med peberfrugt og skinke

Brasato di Stinco di Agnello med Peperoni og Prosciutto

Giver 6 portioner

I Senagalia, ved Adriaterhavskysten i Marches, spiste jeg på Osteria del Tempo Perso i det historiske centrum af denne charmerende gamle bydel. Til den første ret fik jeg cappelletti, "hatte" fyldt med frisk pasta med pølse og grøntsagssauce, efterfulgt af en lammegryderet toppet med farverig peberfrugt og skinkestrimler. Jeg tilpassede gryderettens smag til lammeskanken i denne opskrift.

4 skeer olivenolie

6 små lammeskank, godt trimmet

Salt og friskkværnet sort peber

1/2 kop tør hvidvin

2-tommer kvist frisk rosmarin, eller 1/2 tsk tørret

    11/2 kopBouillon

2 røde peberfrugter, skåret i 1/2-tommers strimler

1 gul peber, skåret i 1/2-tommers strimler

1 ske usaltet smør

2 ounce skåret importeret italiensk skinke, skåret i tynde strimler

2 spsk hakket frisk persille

1. I en hollandsk ovn, der er stor nok til at holde lammebenene i et enkelt lag, eller en anden dyb, tung gryde med et tætsluttende låg, opvarm olien over middel varme. Tør lammeskanken. Brun dem godt på alle sider, vend stykkerne med en tang, i cirka 15 minutter. Vend panden og fjern overskydende fedt. Drys med salt og peber.

to. Tilsæt vinen og kog, skrab op og rør eventuelle brunede stykker i bunden af gryden op med en træske. Bring i kog og kog i 1 minut.

3. Tilsæt rosmarin og bouillon og bring væsken i kog.

4. Dæk gryden delvist. Reducer varmen til lav. Kog, vend kødet af og til, indtil lammet er meget mørt, når det gennembores med en gaffel, ca. 11/4 til 11/2 time.

5. Mens lammet koger, kombinerer du peberfrugter, smør og 2 spsk vand i en mellemstor gryde ved middel varme. Dæk til og kog i 10 minutter, eller indtil grøntsagerne er næsten møre.

6. Tilsæt blød peberfrugt og skinke til lammet sammen med persillen. Kog uden låg over medium varme, indtil peberfrugterne er møre, cirka 5 minutter.

7. Brug en hulske til at overføre skankene og peberfrugterne til det opvarmede fad. Dæk til og hold varmt. Hvis væsken, der er tilbage i gryden, er for tynd, skru op for varmen og lad det koge, indtil det reducerer og tykner lidt. Smag til og juster krydderier. Hæld saucen over lammet og server med det samme.

Lammeskank med kapers og oliven

Stinchi di Agnello med Capperi og Oliven

Giver 4 portioner

På Sardinien bruger man typisk gedekød til denne ret. Smagen af lam og ged er meget ens, så lammeskank er en god erstatning og er meget nemmere at finde.

2 skeer olivenolie

4 små lammeskank, godt trimmet

Salt og friskkværnet sort peber

1 mellemstor løg, hakket

3/4 kop tør hvidvin

1 kop skrællede, frøede og hakkede friske eller dåsetomater

1/2 kop hakkede udstenede sorte oliven, såsom Gaeta

2 fed hvidløg, finthakket

2 spsk kapers, vasket og hakket

2 spsk hakket frisk persille

1.I en hollandsk ovn, der er stor nok til at holde skankene i et enkelt lag, eller en anden dyb, tung gryde med et tætsluttende låg, opvarmes olien over medium varme. Tør lammet og brun det godt af på alle sider. Fjern overskydende fedt. Drys med salt og peber.

to. Fordel løget rundt om lammet og steg indtil løget er blødt, cirka 5 minutter. Tilsæt vin og kog 1 minut. Tilsæt tomaterne og bring det i kog. Reducer varmen til lav og dæk gryden. Kog i 1 til 11/2 time, vend skankene af og til, indtil kødet er meget mørt, når det gennembores med en kniv.

3.Tilsæt oliven, hvidløg, kapers og persille og steg i yderligere 5 minutter, vend kødet, så det dækker saucen. Serveres varm.

Lammeskank i tomatsauce

Stinco di Agnello al Pomodoro

Giver 6 portioner

Hvis de eneste lammeskank, du finder, er store, kan du bede slagteren om at dele dem for dig, eller du kan koge færre skanke, så de bliver hele, og så skære kødet fra benet ved servering.

6 små lammeskank, godt trimmet

2 skeer olivenolie

2 fed hvidløg, skåret i tynde skiver

1 spsk hakket frisk rosmarin

1/2 kop tør hvidvin

1 kop hakket flået tomat

1 1/2 dl oksebouillon (Bouillon)

2 spsk hakket frisk persille

1. Opvarm olien i en hollandsk ovn, der er stor nok til at holde skankene i et enkelt lag, eller en anden dyb, tung gryde med et tætsluttende låg. Brun kødet på alle sider, cirka 15 minutter. Fjern overskydende fedt. Drys mørbraderne med salt og peber.

to. Tilsæt hvidløg og rosmarin på panden og steg i 1 minut. Tilsæt vinen og bring det i kog. Tilsæt tomater og bouillon. Reducer varmen til lav, dæk gryden til og steg skankene, vend lejlighedsvis, ca. 1 ½ time, eller indtil kødet er mørt og let falder fra benet.

3. Drys med persille og server varm.

Lammesteg med nelliker, romersk stil

Garofolato di Agnello

Giver 6 portioner

Nellike, kaldet chiodi di garofalo på italiensk, tilføjer en tydelig smag til denne romerske land lammesteg. Romerne bruger udbenet og rullet lammeskulder, men hvis du ikke kan finde denne udskæring, kan du erstatte lammelår med godt resultat.

5 hele nelliker

3 1/2 pund udbenet lammeskulder, rullet og bundet

Salt og friskkværnet sort peber

2 skeer olivenolie

1 mellemstor løg, finthakket

1 mør ribben selleri, finthakket

1 gulerod, hakket

1/4 kop hakket frisk persille

En knivspids knust rød peber

1 kop tør hvidvin

2 kopper tomatpuré

1 hjemmelavet kopBouilloneller oksebouillon på dåse

1.Stik nelliker ned i lammet. Drys alt kødet med salt og peber.

to.I en stor ildfast fad eller hollandsk ovn opvarmes olien over medium varme. Tilsæt lammet og steg, vend med en tang, indtil det er brunet på alle sider, cirka 20 minutter.

3.Fordel løg, selleri, gulerod, persille og rød peber rundt om kødet. Tilsæt vinen og kog indtil den er fordampet, cirka 2 minutter. Tilsæt tomatpuré og bouillon. Reducer varmen til lav.

4.Dæk til og kog, vend kødet af og til, i 2 1/2 til 3 timer eller indtil det er mørt, når det gennembores med en gaffel.

5.Overfør kødet til et skærebræt. Dæk til og hold varmt. Skum fedtet fra pandesaften. Hæld grøntsagerne og pandesaften i en foodprocessor eller blender og blend til en jævn masse. Smag til og juster krydderier. Hæld saucen i en mellemstor gryde og opvarm igen ved lav varme. Hvis det er for tyndt, kog indtil det er reduceret. Skær lammet i skiver og server varmt med saucen.

BAGER

Appelsiner i appelsinsirup

Arancia Marinade

Giver 8 portioner

Saftige appelsiner i sød sirup er en perfekt dessert efter et rigt måltid. Jeg kan især godt lide at servere dem om vinteren, når friske appelsiner er bedst. Anbragt på et fad ser appelsinerne meget smukke ud, dækket af strimler af appelsinskal og lys sirup. Som en variation skæres appelsinerne i stykker og kombineres med den skåret modne ananas. Server appelsinsaucen over det hele.

8 store navleappelsiner

11/4 dl sukker

2 spsk appelsin brandy eller likør

1.Skrub appelsinerne med en pensel. Klip enderne. Brug en grøntsagsskræller og fjern den farvede del af appelsinskallen (skallet) i brede strimler. Undgå at grave i den bitre hvide marv. Stable strimlerne af skal og skær dem i smalle tændstikstykker.

to. Fjern den hvide del af appelsinerne. Læg appelsinerne på et fad.

3. Bring en lille gryde vand i kog. Tilsæt appelsinskal og bring det i kog. Kog 1 minut. Dræn skrællen og skyl i koldt vand. Gentage. (Dette hjælper med at fjerne noget af bitterheden fra skallen.)

4. Kom sukkeret og 1/4 kop vand i en anden lille gryde ved middel varme. Bring blandingen i kog. Kog indtil sukkeret smelter og siruppen tykner, cirka 3 minutter. Tilsæt appelsinskal og kog i yderligere 3 minutter. Lad afkøle.

5. Tilsæt appelsinbrandy til indholdet af gryden. Brug en gaffel til at fjerne appelsinskalen fra siruppen og læg den oven på appelsinerne. Hæld i siruppen. Dæk til og stil på køl i op til 3 timer indtil servering.

Appelsiner Gratin med Zabaglione

Arancia allo Zabaglione

Giver 4 portioner

Gratiné er et fransk ord, der betyder at brune overfladen af en ret. Det gælder generelt for krydret mad, der er drysset med brødkrummer eller ost for at hjælpe dem med at brune.

Zabaglione serveres typisk almindeligt eller som sauce til frugt eller kage. Her lægges den over appelsiner og grilles kort, indtil den er let brunet og der dannes en cremet topping. Bananer, kiwi, bær eller andre bløde frugter kan også tilberedes på denne måde.

6 navleappelsiner, skrællet og skåret i tynde skiver

Italiensk dessert

1 stort æg

2 store æggeblommer

1/3 kop sukker

1/3 kop tør eller sød Marsala

1. Forvarm slagtekyllingen. Anret appelsinskiverne på en varmefast bageplade, og overlapp dem lidt.

to. Forbered zabaglione: Fyld en lille gryde eller bunden af en dobbelt kedel med 2 tommer vand. Bring det i kog ved svag varme. Pisk æg, æggeblommer, sukker og Marsala sammen i en skål, der er større end kanten af gryden eller toppen af den dobbelte kedel. Pisk med en el-håndpisker til det er skummende. Placer over gryden med kogende vand. Pisk indtil blandingen er bleg i farven og har en glat form, når piskerisene løftes, cirka 5 minutter.

3. Fordel zabaglione over appelsinerne. Stil fadet under slagtekyllingen i 1 til 2 minutter, eller indtil zabaglione er brunet i pletter. Server straks.

Hvide ferskner i Asti Spumante

Pesche Bianche i Asti Spumante

Giver 4 portioner

Asti Spumante er en sød, mousserende dessertvin fra Piemonte i det nordvestlige Italien. Den har en delikat appelsinblomstsmag og aroma, der kommer fra muscatdruen. Hvis du ikke kan finde hvide ferskner, vil gule ferskner fungere godt eller erstatte en anden sommerfrugt som nektariner, blommer eller abrikoser.

4 store modne hvide ferskner

1 skefuld sukker

8 oz kølet Asti Spumante

1. Skræl og hak ferskerne. Skær dem i tynde skiver.

to. Bland ferskerne med sukkeret og lad det hvile i 10 minutter.

3. Læg ferskerne i bægre eller parfaitglas. Hæld Asti Spumante i og server med det samme.

Fersken i rødvin

Fisk til Vino Rosso

Giver 4 portioner

Jeg kan huske, at jeg så min bedstefar skære sine hjemmedyrkede hvide ferskner op for at dyppe dem i en kande rødvin. De søde ferskensafter tæmmede enhver hårdhed i vinen. Hvide ferskner er min favorit, men gule ferskner eller nektariner er også gode.

1⁄3 kop sukker, eller efter smag

2 kopper frugtig rødvin

4 modne ferskner

1.I en mellemstor skål piskes sukker og vin sammen.

to. Skær ferskherne i halve og fjern kernerne. Skær ferskherne i små stykker. Bland dem med vin. Dæk til og stil på køl i 2 til 3 timer.

3.Læg ferskherne og vinen i glas og server.

Fersken fyldt med Amaretti

Fisk i ovn

Giver 4 portioner

Dette er en favorit piemontesisk dessert. Server overhældt med fløde eller toppet med en kugle is.

8 mellemstore ferskner, ikke særlig modne

8 amaretti cookies

2 spsk blødgjort usaltet smør

2 skeer sukker

1 stort æg

1.Sæt en rist i midten af ovnen. Forvarm ovnen til 375 ° F. Smør en bageplade, der er stor nok til at holde ferskenhalvdelene i et enkelt lag.

to.Læg amaretti-kagerne i en plastikpose og knus dem forsigtigt med en tung genstand, såsom en kagerulle. Du skal have cirka 1/2 kop. Kombiner smør og sukker i en mellemstor skål og bland krummerne i.

3. Følg linjen rundt om ferskneren, skær dem i to og fjern kernerne. Brug en grapefrugtske eller melonballer til at tage noget af ferskenkødet ud fra midten for at udvide åbningen og tilsæt det til krummeblandingen. Bland ægget i blandingen.

4. Arranger ferskenhalvdelene med de afskårne sider opad på pladen. Læg lidt af krummeblandingen på hver ferskenhalvdel.

5. Bages i 1 time eller indtil ferskerne er bløde. Serveres varm eller ved stuetemperatur.

Pære i appelsinsauce

Pere all' Arancia

Giver 4 portioner

Da jeg besøgte Anna Tasca Lanza på Regaleali, hendes families vingård på Sicilien, gav hun mig noget af sin fremragende mandarinmarmelade med hjem. Anna bruger marmelade som både topping og dessertsauce, og inspirerede mig til at røre lidt i væsken fra nogle pærer, jeg kogte. Pærerne havde en smuk gylden glasur, og alle var vilde med resultatet. Nu laver jeg denne dessert ofte. Fordi jeg hurtigt brugte forråd af marmelade, Anna gav mig, bruger jeg købt kvalitetsappelsinmarmelade.

1/2 kop sukker

1 kop tør hvidvin

4 faste modne pærer, såsom Anjou, Bartlett eller Bosc

1/3 kop appelsinmarmelade

2 spsk appelsinlikør eller rom

1. Kombiner sukker og vin i en gryde, der er stor nok til at holde pærerne oprejst. Kog op ved middel varme og kog indtil sukkeret er opløst.

to. Tilsæt pærerne. Dæk gryden til og kog i cirka 30 minutter, eller indtil pærerne er møre, når de prikkes med en kniv.

3. Brug en hulske til at overføre pærerne til et fad. Tilsæt marmeladen til væsken i gryden. Bring i kog og kog i 1 minut. Fjern fra varmen og rør væsken i. Hæld saucen over og omkring pærerne. Dæk til og stil på køl mindst 1 time før servering.

Pærer med Marsala og fløde

Pere al Marsala

Giver 4 portioner

Jeg fik tilberedt pærer på denne måde på en trattoria i Bologna. Hvis du laver dem før aftensmaden, har de den rigtige temperatur, når du er klar til dessert.

Du kan finde både tør og sød Marsala importeret fra Sicilien, selvom den tørre er af bedre kvalitet. Begge kan bruges til at lave desserter.

4 store Anjou, Bartlett eller Bosc pærer, ikke særlig modne

1/4 kop sukker

1/2 kop vand

1/2 kop tør eller sød Marsala

1/4 kop tung fløde

1.Skræl pærerne og halver dem på langs.

to.I en stegepande, der er stor nok til at holde pærehalvdelene i et enkelt lag, bringes sukker og vand i kog ved middel varme. Rør for at opløse sukkeret. Tilsæt pærerne og dæk gryden. Kog i 5 til 10 minutter, eller indtil pærerne er næsten møre, når de gennembores med en gaffel.

3.Kom pærerne over på en tallerken med en hulske. Tilsæt Marsalaen i gryden og bring det i kog. Kog indtil siruppen tykner lidt, cirka 5 minutter. Tilsæt fløden og kog i yderligere 2 minutter.

4.Kom pærerne tilbage i gryden og dryp dem med saucen. Overfør pærerne til serveringsfade og hæld saucen over dem. Lad afkøle til stuetemperatur inden servering.

Pærer med varm chokoladesauce

Pere Affogato al Cioccolato

Giver 6 portioner

Friske, søde pærer dyppet i bittersød chokoladesauce er en klassisk europæisk dessert. Jeg spiste denne i Bologna, hvor chokoladesovsen blev lavet med Majani chokolade, et lokalt mærke, der desværre ikke rejser langt fra sin hjemby. Brug mørk chokolade af god kvalitet. Et mærke, jeg godt kan lide, Scharffen Berger, er lavet i Californien.

6 Anjou, Bartlett eller Bosc pærer, ikke særlig modne

2 kopper vand

3/4 kop sukker

4 (2 × 1/2-tommer) strimler appelsinskal, skåret i tændstikker

    1 1/2 kop Varm Chokolade Sauce

1. Skræl pærerne, og lad stænglerne være intakte. Brug en melonballer eller en lille ske til at fjerne kernehuset og frøene, arbejde fra bunden af pærerne.

to.I en gryde, der er stor nok til at holde alle pærerne oprejst, bringes vand, sukker og appelsinskal i kog ved middel varme. Rør indtil sukkeret er opløst.

3.Tilsæt pærerne og skru ned for varmen. Dæk panden og kog, vend pærerne én gang, i 20 minutter eller indtil de er møre, når de er gennemboret med en lille kniv. Lad pærerne køle af i siruppen.

4.Ved servering tilberedes chokoladesovsen.

5.Flyt pærerne over på tallerkener med en hulske. (Dæk og stil siruppen på køl til anden brug, f.eks. at kaste med skåret frugt til en salat.) Dryp med varm chokoladesauce. Server straks.

Pærer krydret med rom

Pere al Rhum

Giver 6 portioner

Den søde, glatte, næsten blomstrede smag af modne pærer egner sig til mange andre komplementære smagsvarianter. Frugter som appelsiner, citroner og bær og mange oste passer godt til dem, og Marsala og tørre vine bruges ofte til at pochere pærer. I Piemonte blev jeg glædeligt overrasket over at få serveret disse pærer kogt i krydret romsirup sammen med en simpel hasselnøddekage.

6 Anjou, Bartlett eller Bosc pærer, ikke særlig modne

1/4 kop brun farin

1/4 kop mørk rom

1/4 kop vand

4 hele nelliker

1. Skræl pærerne, og lad stænglerne være intakte. Brug en melonballer eller en lille ske til at fjerne kernehuset og frøene, arbejde fra bunden af pærerne.

to. I en gryde, der er stor nok til at rumme pærerne, kombinerer du sukker, rom og vand ved middel varme, indtil sukkeret smelter, cirka 5 minutter. Tilsæt pærerne. Spred nelliker rundt om frugten.

3. Dæk gryden til og bring væsken i kog. Kog over medium-lav varme i 15 til 20 minutter, eller indtil pærerne er møre, når de gennembores med en kniv. Brug en hulske til at overføre pærerne til et fad.

4. Lad væsken simre uden låg, indtil den er reduceret og sirupsagtig. Si væsken over pærerne. Lad afkøle.

5. Server ved stuetemperatur eller dæk til og stil på køl.

Pærer krydret med Pecorino

Pere allo Spezie og Pecorino

Giver 6 portioner

Toscanerne er stolte af deres fremragende fåremælksost. Hver by har sin egen version, og hver enkelt smager lidt anderledes end de andre afhængigt af, hvordan den er lagret, og hvor mælken kommer fra. Oste indtages normalt, når de er meget unge og stadig halvfaste. Når den spises som dessert, dryppes osten nogle gange med lidt honning eller serveres med pærer. Jeg kan godt lide denne sofistikerede præsentation, jeg lavede i Montalcino – pecorino serveret med pærer kogt i lokal rødvin og krydderier, ledsaget af friske valnødder.

Selvfølgelig er pærer også godt serveret almindeligt eller med en stor klat flødeskum.

6 mellemstore Anjou, Bartlett eller Bosc pærer, ikke særlig modne

1 kop tør rødvin

1/2 kop sukker

1 (3 tommer) stykke kanelstang

4 hele nelliker

8 ounce Pecorino Toscano, Asiago eller Parmigiano-Reggiano ost, skåret i 6 stykker

12 valnøddehalvdele, ristede

1.Sæt en rist i midten af ovnen. Forvarm ovnen til 450 ° F. Arranger pærerne på en bageplade, der er stor nok til at holde dem oprejst.

to.Bland vin og sukker, indtil sukkeret er blødt. Hæld blandingen over pærerne. Drys kanel og nelliker rundt om pærerne.

3.Rist pærerne, og dryp dem af og til med vinen, i 45 til 60 minutter, eller indtil de er møre, når de stikkes med en kniv. Hvis væsken begynder at tørre op, inden pærerne er færdige, tilsættes lidt varmt vand i gryden.

4.Lad pærerne køle af på tallerkenen, og dryp dem af og til med pandesaften. (Når saften afkøles, tykner de og dækker pærerne i en fyldig rød glasur.) Fjern krydderier.

5. Server pærerne med siruppen ved stuetemperatur eller let afkølet. Læg dem på fade med to valnøddehalvdele og et stykke ost.

Ristede rosenkål

Cavolini al ovn

Gør 4 til 6 portioner

Hvis du aldrig har prøvet ristede rosenkål, vil du blive overrasket over, hvor lækkert de smager. Jeg bager dem til de er flotte og gyldne. De yderste blade bliver sprøde, mens indersiden forbliver blød. Disse er gode til flæskesteg.

1 kilo rosenkål

1/3 kop olivenolie

salt

3 fed hvidløg, skåret i skiver

1. Brug en lille kniv til at barbere en tynd skive fra bunden af rosenkålen. Skær dem i halve ved bunden.

to. Forvarm ovnen til 375 ° F. Hæld olien i en bradepande, der er stor nok til at holde spirerne i et enkelt lag. Tilsæt spirer, salt og hvidløg. Bland godt og vend spirerne med snitsiden nedad.

3. Rist spirerne under omrøring én gang i 30 til 40 minutter, eller indtil de er gyldne og møre. Serveres varm.

Rosenkål med Pancetta

Cavolini di Bruxelles al Pancetta

Gør 4 til 6 portioner

Hvidløg og pancetta smager disse spirer. Erstat bacon med pancetta for et strejf af røget smag.

1 kilo rosenkål

Salt efter smag

2 skeer olivenolie

2 tykke skiver pancetta (2 ounce), skåret i tændstikstrimler

4 store fed hvidløg, skåret i tynde skiver

Knip knust rød peber

1. Brug en lille kniv til at barbere en tynd skive fra bunden af rosenkålen.

to. Bring en stor gryde vand i kog. Tilsæt spirer og salt efter smag. Kog indtil spirerne er næsten møre, cirka 5 minutter.

3. I en stor stegepande koges pancettaen i olien, indtil den er let brunet, cirka 5 minutter. Tilsæt hvidløg og knust rød peber og steg indtil hvidløget er gyldent, ca. 2 minutter mere.

4. Tilsæt rosenkål, 2 spsk vand og en knivspids salt. Kog, under omrøring af og til, indtil spirerne er møre og begynder at brune, cirka 5 minutter. Serveres varm.

Guldkål med hvidløg

Cavolo al'Aglio

Giver 4 portioner

Kål tilberedt på denne måde smager ikke som den intetsigende, gennemblødte grøntsag, vi alle elsker at hade. Jeg har altid troet, at overkogning ødelagde kålen, men i dette tilfælde, ligesom de ristede rosenkål ovenfor, bruner den lange, langsomme tilberedning kålen og giver den en rig, sød smag. Jeg smagte det første gang på Manducatis, en restaurant i Long Island City, hvis ejere kommer fra Montecassino, Italien.

1 mellemstor kålhoved (ca. 1 1/2 pund)

3 store fed hvidløg, finthakket

Knust rød peber

1/4 kop olivenolie

salt

1. Skær de yderste blade af kålen. Brug en stor, tung kniv til at skære kålen i kvarte. Skær kernen. Skær kålen i små stykker.

to.I en stor gryde sauter du hvidløg og rød peber i olivenolie ved middel-lav varme, indtil hvidløgene er gyldne, cirka 2 minutter.

3.Tilsæt kål og salt. Ryst godt. Dæk til og kog under jævnlig omrøring i 20 minutter, eller indtil kålen er let brunet og mør. Tilsæt lidt vand, hvis kålen begynder at klistre. Serveres varm.

Hakket kål med kapers og oliven

Cavolo al Capperi

Giver 4 portioner

Oliven og kapers dresser hakket kål. Hvis du ikke vil købe en hel kål, så prøv at gøre det ved at bruge en pose ukrydret coleslaw fra købmandens produktafdeling. Mærket jeg køber er en kombination af hvidkål, lidt rødkål og gulerødder. Det fungerer perfekt i denne opskrift.

4 skeer olivenolie

1 lille kålhoved (ca. 1 pund)

Cirka 3 spiseskefulde vand

1 til 2 spiseskefulde hvidvinseddike

salt

1/2 kop hakkede grønne oliven

1 skefuld hakkede kapers

1. Skær de yderste blade af kålen. Brug en stor, tung kniv til at skære kålen i kvarte. Skær kernen. Skær kvartererne på kryds og tværs i smalle strimler.

to. I en stor gryde varmes olivenolien op ved middel varme. Tilsæt kål, vand, eddike og en lille smule salt. Ryst godt.

3. Dæk gryden til og sænk varmen. Kog indtil kålen er næsten mør, cirka 15 minutter.

4. Tilsæt oliven og kapers. Kog indtil kålen er meget mør, cirka 5 minutter mere. Hvis der er meget væske tilbage i gryden, afdæk og kog indtil det fordamper. Serveres varm.

Kål med røget pancetta

Verze med Pancetta Affumicata

Giver 6 portioner

Her er en anden traditionel friuliansk opskrift inspireret af kokken Gianni Cosetti. Gianni bruger røget pancetta til denne opskrift, men du kan erstatte bacon eller røget skinke.

2 skeer olivenolie

1 mellemstor løg, hakket

2 ounce hakket røget pancetta, bacon eller skinke

1/2 mellemstort kålhoved, skåret i tynde skiver

Salt og friskkværnet sort peber

1. Svits olivenolie, løg og pancetta i en stor gryde i 10 minutter eller indtil de er gyldne.

to. Rør kål og salt og peber i efter smag. Sænk varmen. Dæk til og kog i 30 minutter eller indtil de er meget møre. Serveres varm.

Stegte Tidsler

Cardoni Fritti

Giver 6 portioner

Her er en grundlæggende opskrift på kardoner: De koges, overtrækkes med brødkrummer og steges, indtil de er sprøde. Disse er gode som en del af en række antipasti eller som tilbehør til lam eller fisk.

1 citron, skåret i halve

2 pund tidsler

3 store æg

2 spsk friskrevet Parmigiano-Reggiano

Salt og friskkværnet sort peber

2 kopper almindeligt brødkrummer

Vegetabilsk olie til stegning

Citronskiver

1. Pres citronen i en stor skål med koldt vand. Skær enderne af tidslerne og adskil stilken i ribben. Skræl hver ribben med en kniv for at fjerne de lange, seje snore og eventuelle blade. Skær hver rib i 3-tommer længder. Læg stykkerne i citronvand.

to. Bring en stor gryde vand i kog. Dræn tidslerne og kom dem i gryden. Kog indtil de er møre, når de gennembores med en kniv, cirka 20 til 30 minutter. Dræn godt af og afkøl under rindende vand. Tør stykkerne.

3. Beklæd en bageplade med køkkenrulle. I en lav skål piskes æggene med ost, salt og peber efter smag. Fordel brødkrummerne på en plade med bagepapir. Dyp tidslerne i ægget og beklæd dem derefter med rasp.

4. I en stor, dyb stegepande opvarmes omkring 1/2 tomme olie over medium varme, indtil en lille dråbe æg syder og koger hurtigt, når det falder ned i gryden. Tilføj lige nok af tidslerne til at passe i ét uklumpet lag. Kog, vend stykkerne med en tang, indtil de er gyldne og sprøde på alle sider, cirka 3 til 4 minutter. Afdryp på køkkenrulle. Hold dem varme i en lav ovn, mens du steger resten. Serveres varm med citronbåde.

Tidsler med Parmigiano-Reggiano

Cardoni med Parmigiana

Giver 6 portioner

Tidsler er lækre ristede med smør og parmesan.

1 citron, skåret i halve

Cirka 2 kilo tidsler

Salt og friskkværnet peber

3 spiseskefulde usaltet smør

1/2 kop friskrevet Parmigiano-Reggiano

1. Forbered tidsler som iStegte Tidslergennem trin 2.

to. Sæt en rist i midten af ovnen. Forvarm ovnen til 450 ° F. Smør generøst en 13×9×2-tommer bageform.

3. Arranger tidselstykkerne på bagepladen. Pensl med smør og drys med salt og peber. Fordel osten ovenpå.

4. Bages i 10 til 15 minutter, eller indtil osten er let smeltet. Serveres varm.

Flødetidsler

Cardoni alla Panna

Giver 6 portioner

Disse kardoner koges i en stegepande med lidt fløde. Parmigiano-Reggiano tilføjer prikken over i'et.

1 citron, skåret i halve

Cirka 2 kilo tidsler

2 spsk usaltet smør

Salt og friskkværnet sort peber

1/2 kop tung fløde

1/2 kop friskrevet Parmigiano-Reggiano

1.Forbered tidsler som iStegte Tidslergennem trin 2.

to.I en stor stegepande smeltes smørret over medium varme. Tilsæt tidsler og salt og peber efter smag. Rør, indtil det er belagt med smør, cirka 1 minut.

3. Tilsæt fløden og bring det i kog. Kog til cremen tykner lidt, cirka 1 minut. Drys med ost og server varm.

Gulerødder og majroer med Marsala

Blanding af raps og karot

Giver 4 portioner

Sød, nøddeagtig Marsala forbedrer smagen af rodfrugter som gulerødder og majroer.

4 mellemstore gulerødder

2 mellemstore majroer eller 1 stor rutabaga

2 spsk usaltet smør

salt

¼ kop tør Marsala

1 spsk hakket frisk persille

1. Skræl gulerødder og majroer og skær dem i 1-tommers stykker.

to. I en stor stegepande smeltes smørret over medium varme. Tilsæt grøntsagerne og salt efter smag. Kog i 5 minutter, rør af og til.

3. Tilsæt Marsala. Dæk til og kog i yderligere 5 minutter eller indtil vinen fordamper og grøntsagerne er møre. Drys med persille og server med det samme.

Ristede gulerødder med hvidløg og oliven

Carote al ovn

Giver 4 portioner

Gulerødder, hvidløg og oliven er en overraskende god kombination, hvor olivens salte smag står i kontrast til gulerøddernes sødme. Jeg havde dem i Ligurien, nær den franske grænse.

8 mellemstore gulerødder, skrællet og skåret diagonalt i 1/2 tomme tykke skiver

2 skeer olivenolie

3 fed hvidløg, skåret i skiver

Salt og friskkværnet sort peber

1/2 kop udstenede importerede glatte sorte oliven, såsom Gaeta

1. Sæt en rist i midten af ovnen. Forvarm ovnen til 425 ° F. På en stor bageplade, smid gulerødderne med olivenolie, hvidløg, salt og peber efter smag.

to. Bages 15 minutter. Tilsæt oliven og kog indtil gulerødderne er møre, cirka 5 minutter mere. Server den varm.

Gulerod i fløde

Carote alla Panna

Giver 4 portioner

Gulerødder spises så ofte rå, at vi glemmer, hvor gode de kan være, når de koges. I denne opskrift supplerer tung creme dens søde smag.

8 mellemstore gulerødder

2 spsk usaltet smør

salt

1/2 kop tung fløde

Knip revet muskatnød

1.Skræl gulerødderne. Skær dem i 1/4 tomme tykke skiver.

to. Smelt smørret i en medium gryde ved middel varme. Tilsæt gulerødder og salt efter smag. Dæk og kog under omrøring af og til, indtil gulerødderne er møre, cirka 5 minutter.

3.Tilsæt fløde og muskatnød. Kog indtil cremen tykner og gulerødderne er møre, 4 til 5 minutter mere. Server straks.

Søde og sure gulerødder

Carote i Agrodolce

Giver 4 portioner

Jeg kan godt lide at servere disse gulerødder med flæskesteg eller kylling. Har du lidt persille, mynte eller basilikum ved hånden, så hak urten og bland med gulerødderne inden servering.

8 mellemstore gulerødder

1 ske usaltet smør

3 skeer hvidvinseddike

2 skeer sukker

salt

1.Skræl gulerødderne. Skær dem i 1/4 tomme tykke skiver.

to.I en mellemstor gryde smeltes smørret over medium varme. Tilsæt eddike og sukker og rør indtil sukkeret er opløst. Tilsæt gulerødder og salt efter smag. Dæk gryden til og kog indtil gulerødderne er møre, cirka 5 minutter.

3.Afdæk gryden og kog gulerødderne under jævnlig omrøring, indtil de er møre, cirka 5 minutter længere. Smag til krydderiet. Serveres varm eller ved stuetemperatur.

Aubergine marineret med hvidløg og mynte

Melanzano Marinade

Gør 4 til 6 portioner

Dette er fremragende som tilbehør til grillet kylling eller som en del af en række antipasti. Zucchini og gulerødder kan også tilberedes på denne måde.

2 mellemstore auberginer (ca. 1 pund hver)

salt

Olie

3 spsk rødvinseddike

2 fed hvidløg, finthakket

¼ kop hakket frisk mynte

Friskkværnet sort peber

1. Skær toppen og bunden af auberginerne. Skær auberginerne på kryds og tværs i 1,5 cm tykke skiver. Arranger skiverne i et dørslag, og drys hvert lag med salt. Læg auberginen på en

tallerken til afdrypning i mindst 30 minutter. Skyl saltet med koldt vand og tør skiverne med køkkenrulle.

to. Forvarm ovnen til 450 ° F. Pensl aubergineskiverne med olien og anbring dem med oliesiden nedad i et enkelt lag på bageplader. Pensl toppene med olivenolie. Bag skiverne i 10 minutter. Vend og steg til de er gyldne og møre, cirka 10 minutter mere.

3.I en lavvandet plastikbeholder med tætsluttende låg lægges aubergineskiverne i lag, og overlapper dem lidt. Drys med eddike, hvidløg, mynte og peber. Gentag lagene, indtil alle ingredienser er brugt.

4.Dæk til og stil på køl i mindst 24 timer før servering. Disse holder sig godt i flere dage.

Grillet aubergine med frisk tomatsauce

Melanzane alla Griglia med persille

Giver 4 portioner

Her grilles aubergineskiver og toppes med en frisk tomatsalsa. Server med burgere, bøffer eller koteletter. Jeg fik tilberedt aubergine på denne måde i Abruzzo, hvor frisk grøn peber ofte bruges. Erstat knust rød peber fra en krukke, hvis det foretrækkes.

1 mellemstor aubergine (ca. 1 pund)

salt

3 skeer olivenolie

1 mellemmoden tomat

2 spsk hakket frisk persille

1 spsk hakket frisk peber (eller efter smag)

1 tsk frisk citronsaft

1. Skær toppen og bunden af auberginerne. Skær aubergine på kryds og tværs i 1/2 tomme tykke skiver. Arranger skiverne i et dørslag, og drys hvert lag med salt. Læg auberginen på en tallerken til afdrypning i mindst 30 minutter. Skyl saltet med koldt vand og tør skiverne med køkkenrulle.

to. Placer en grill eller grill omkring 5 tommer væk fra varmekilden. Forvarm grillen eller grillen Pensl auberginskiverne med olivenolie på den ene side og læg dem med den olierede side mod varmekilden. Kog indtil let brunet, cirka 5 minutter. Vend skiverne og pensl dem med olivenolie. Kog til de er gyldne og møre, cirka 4 minutter.

3.Anret skiverne på et fad, og overlapp dem lidt.

4.Skær tomaten i halve og pres kerner og saft ud. Hak tomaten. I en mellemstor skål blandes tomaterne med persille, peber, citronsaft og salt efter smag. Hæld tomatblandingen over auberginen. Server ved stuetemperatur.

Aubergine og Mozzarella "Sandwich"

Mozzarella Panini

Giver 6 portioner

Nogle gange tilføjer jeg en foldet skive skinke til disse "sandwicher" og serverer dem som forret. Tilsæt lidt tomatsauce, hvis du har det, og drys med revet parmesanost, hvis du har lyst.

2 mellemstore auberginer (ca. 1 pund hver)

salt

Olie

Friskkværnet sort peber

1 spsk hakket frisk timian eller fladbladet persille

8 ounce frisk mozzarella, skåret i tynde skiver

1. Skær toppen og bunden af auberginerne. Fjern strimler af hud på langs med en roterende klingeskræller med ca. 1-tommers mellemrum. Skær auberginerne på kryds og tværs i et lige antal 1/2 tomme tykke skiver. Arranger skiverne i et dørslag, og drys hvert lag med salt. Læg dørslaget på en tallerken til

afdrypning i mindst 30 minutter. Skyl saltet med koldt vand og tør skiverne med køkkenrulle.

to. Forvarm ovnen til 450 ° F. Pensl aubergineskiverne med olivenolie og anbring dem med oliesiden nedad i et enkelt lag på bageplader. Pensl toppene med ekstra olie. Drys med peber og krydderurter. Bages 10 minutter. Vend skiverne og bag dem i yderligere 10 minutter, eller indtil de er let brune og bløde.

3. Tag auberginerne ud af ovnen, men lad ovnen være tændt.

4. Dæk halvdelen af aubergineskiverne med mozzarella. Læg de resterende aubergineskiver ovenpå. Sæt bagepladen tilbage i ovnen i 1 minut eller indtil osten begynder at smelte. Serveres varm.

Aubergine med hvidløg og krydderurter

Melanzane al Oven

Gør 6 til 8 portioner

Jeg kan godt lide at bruge lange, tynde japanske auberginer, når jeg ser dem på min landmands marked i sommermånederne. De er meget gode til sommermåltider blot ristet med hvidløg og krydderurter.

3 skeer olivenolie

8 små japanske auberginer (alle samme størrelse)

1 fed hvidløg, finthakket

2 spsk hakket frisk basilikum

Salt og friskkværnet sort peber

1. Sæt en rist i midten af ovnen. Forvarm ovnen til 400 ° F. Smør en stor bageplade.

to. Skær stilkenderne af auberginerne og skær dem i halve på langs. Skær flere lavvandede slidser ind i skærefladerne.

Arranger auberginerne med de afskårne sider opad på bagepladen.

3. I en lille skål piskes olivenolie, hvidløg, basilikum og salt og peber sammen efter smag. Fordel blandingen over auberginerne, skub lidt ned i sprækkerne.

4. Bages i 25 til 30 minutter, eller indtil auberginerne er møre. Serveres varm eller ved stuetemperatur.

Auberginestave i napolitansk stil med tomat

Bastoncini di Melanzane

Giver 4 portioner

På Dante og Beatrice Restaurant i Napoli begynder måltiderne med en række små appetitvækkere. Små stykker aubergine i frisk tomat- og basilikumsauce er en af de retter, som min mand og jeg kan lide der. Japanske auberginer er mildere end den store globovariant, men enhver type kan bruges til denne opskrift.

6 små japanske auberginer (ca. 1 1/2 pund)

Vegetabilsk olie til stegning

salt

2 fed hvidløg, pillede og knust let

Knip knust rød peber

3 skeer olivenolie

4 blommetomater, pillede, udsået og hakket

1/4 kop basilikumblade, stablet og skåret i tynde strimler

1. Skær toppen og bunden af auberginerne og skær dem i 6 skiver på langs. Skær på tværs i 3 stykker. Tør stykkerne med køkkenrulle.

to. Beklæd en bageplade med køkkenrulle. Hæld cirka 1/2 tomme af olien i en mellemstor stegepande. Varm op over medium varme, indtil et lille stykke aubergine syder, når det tilsættes i gryden. Tilsæt forsigtigt så mange auberginer, som der er plads til i gryden i et enkelt lag. Kog, omrør lejlighedsvis, indtil let brunet på kanterne, cirka 5 minutter. Fjern auberginerne med en hulske eller hulske og afdryp på køkkenrulle. Gentag med resterende aubergine. Drys med salt.

3. I en stor stegepande koges hvidløg og rød peber i olivenolien, indtil hvidløget er gyldenbrunt, cirka 4 minutter. Fjern og kassér hvidløget. Tilsæt tomaterne og kog i 5 minutter eller indtil de er tykne.

4. Tilsæt auberginer og basilikum og kog i yderligere 2 minutter. Smag til med salt efter smag. Serveres varm eller ved stuetemperatur

Aubergine fyldt med skinke og ost

Melanzane Ripiene

Giver 6 portioner

Fætre og tanter og onkler kom fra hele regionen, første gang min mand Charles og jeg besøgte hans slægtninge, som bor nær den berømte Tempeldal i Agrigento på Sicilien. Hver familieenhed ønskede, at vi skulle besøge deres hjem, spise et måltid og overnatte. Vi ville gerne bruge tid sammen med alle, men vi ville også se nogle af de lokale historiske steder, som vi altid hørte så meget om, og som vi kun havde et par dage. Heldigvis tog min mands kusine, Angela, ansvaret og sørgede for, at der blev taget godt hånd om os. Da jeg fortalte hende, at jeg var interesseret i det lokale køkken, lærte hun mig, hvordan man laver denne lækre aubergine-ret.

6 små auberginer (ca. 11/2 pund)

salt

1/4 kop olivenolie

1 mellemstor løg, hakket

1 mellemstor tomat

2 æg, pisket

1/2 kop revet caciocavallo, provolone eller Parmigiano-Reggiano

1/4 kop hakket frisk basilikum

2 ounce importeret italiensk skinke, fint hakket

1/2 kop plus 1 spsk brødkrummer uden smag

Salt og friskkværnet sort peber

1. Skær toppen af auberginerne og skær dem i halve på langs. Brug en lille skarp kniv og ske til at fjerne kødet fra auberginerne, efterlad skindet omkring 1/4 tomme tykt. Hak auberginekødet.

to. Læg den hakkede aubergine i et dørslag. Drys rigeligt med salt og lad det dryppe af på en tallerken i mindst 30 minutter. Drys aubergineskindet med salt og læg dem med de afskårne sider nedad på en tallerken for at dryppe af.

3. Vask saltet af med koldt vand og tør auberginen med køkkenrulle. Pres frugtkødet for at trække vandet ud.

4. I en mellemstor stegepande opvarmes olivenolien over medium varme. Tilsæt løg og hakkede aubergine og kog, omrør ofte, indtil det er blødt, cirka 15 minutter. Skrab blandingen i en skål.

5. Skær tomaten i halve og pres kerner og saft ud. Hak tomaten og kom den i skålen. Tilsæt æg, ost, basilikum, skinke, 1/2 kop brødkrummer og salt og peber efter smag. Bland godt.

6. Sæt en rist i midten af ovnen. Forvarm ovnen til 400 ° F. Smør en bageplade, der er stor nok til at holde auberginskindet i et enkelt lag.

7. Fyld skallerne med auberginblandingen, rund overfladen. Læg dem i gryden. Drys med 1 spsk rasp. Hæld 1/4 kop vand rundt om auberginerne. Bages i 45 til 50 minutter, eller indtil skallerne er møre, når de er gennemboret. Serveres varm eller ved stuetemperatur.

Aubergine fyldt med ansjoser, kapers og oliven

Melanzane Ripiene

Giver 4 portioner

Der synes ikke at være nogen grænse for de sicilianske måder at tilberede aubergine på. Denne kombinerer den klassiske smag af ansjoser, oliven og kapers.

2 mellemstore auberginer (ca. 1 pund hver)

salt

1/4 kop plus 1 spsk olivenolie

1 stort fed hvidløg, finthakket

2 mellemstore tomater, pillede, frøet og hakket

6 ansjosfileter

1/2 kop hakket Gaeta eller andre milde sorte oliven

2 spsk kapers, vasket og drænet

1/2 tsk tørret oregano

1/3 kop almindeligt, tørt brødkrummer

1.Skær toppen af auberginerne. Skær auberginerne i halve på langs. Brug en lille skarp kniv og ske til at fjerne frugtkødet fra auberginen, efterlad et skind på ca. 1,5 cm tykt. Hak frugtkødet groft og læg det i en sigte. Drys rigeligt med salt og læg på en tallerken til afdrypning. Drys indersiden af aubergineskindet med salt og læg dem på hovedet på køkkenrulle. Lad det dryppe af i 30 minutter.

to.Vask saltet af med koldt vand og tør auberginen med køkkenrulle. Pres frugtkødet for at trække vandet ud.

3.Varm olien op i en stor stegepande over medium-høj varme, indtil et lille stykke aubergine syder, når det tilsættes i gryden. Tilsæt auberginemassen og kog under jævnlig omrøring, indtil den begynder at brune, 15 til 20 minutter. Tilsæt hvidløg og steg i 1 minut. Tilsæt tomater, ansjoser, oliven, kapers, oregano og salt og peber efter smag. Kog indtil det er tyknet, cirka 5 minutter mere.

4.Sæt en rist i midten af ovnen. Forvarm ovnen til 400 ° F. Smør en bageplade, der er stor nok til at holde aubergineskindet i et enkelt lag.

5. Fyld skallerne med aubergineblandingen. Læg dem i gryden. Bland brødkrummerne med den resterende olie og fordel dem over skallerne. Bages i 45 minutter, eller indtil skallerne er møre, når de er gennemboret. Lad det køle lidt af. Serveres lun eller ved stuetemperatur.

Aubergine med eddike og krydderurter

Melanzane alle Erbe

Gør 6 til 8 portioner

Planlæg at gøre dette mindst en time før servering. Lader det sidde, vil eddiken få en chance for at blive blød. Jeg kan godt lide at servere dette med grillet tun eller sværdfisk som en del af en sommergrill.

2 mellemstore auberginer (ca. 1 pund hver) skåret i 1-tommers stykker

salt

1/2 kop olivenolie

1/2 kop rødvinseddike

1/4 kop sukker

2 spsk hakket frisk persille

2 spsk hakket frisk mynte

1. Skær toppen og bunden af auberginerne. Skær auberginerne i 1-tommers stykker. Læg stykkerne i et dørslag, og drys hvert lag med salt. Læg dørslaget på en tallerken til afdrypning i mindst 30 minutter. Skyl saltet med koldt vand og tør stykkerne med køkkenrulle.

to. Beklæd en bageplade med køkkenrulle. Opvarm 1/4 kop olie i en stor stegepande over medium varme. Tilsæt halvdelen af auberginestykkerne og kog under jævnlig omrøring, indtil de er gyldne, cirka 15 minutter. Brug en hulske til at overføre aubergine til køkkenrulle for at dræne. Tilsæt den resterende olie på panden og steg den resterende aubergine på samme måde.

3. Tag gryden af varmen og hæld forsigtigt den resterende olie i. Tør forsigtigt panden af med køkkenrulle.

4. Stil bradepanden over middel varme og tilsæt eddike og sukker. Rør indtil sukkeret er opløst. Kom al aubergine tilbage i gryden og kog under omrøring, indtil væsken er absorberet, cirka 5 minutter.

5. Overfør auberginen til et fad og drys med persille og mynte. Lad afkøle. Server ved stuetemperatur.

Stegte aubergine koteletter

Melanzane Fritte

Gør 4 til 6 portioner

Den eneste vanskelighed ved disse koteletter er, at det er svært at stoppe med at spise dem. De er så gode, når de er varme og frisklavede. Server dem på sandwich eller som tilbehør.

1 mellemstor aubergine (ca. 1 kg)

salt

2 store æg

1/4 kop friskrevet Parmigiano-Reggiano

Friskkværnet sort peber

1/2 kop universalmel

11/2 dl almindeligt, tørt brødkrummer

Vegetabilsk olie til stegning

1. Skær toppen og bunden af auberginerne. Skær aubergine på kryds og tværs i 1/4 tomme tykke skiver. Arranger skiverne i et dørslag, og drys hvert lag med salt. Læg dørslaget på en tallerken til afdrypning i mindst 30 minutter. Skyl saltet med koldt vand og tør skiverne med køkkenrulle.

to. Kom melet i en lav skål. I en anden lav skål piskes æg, ost, salt og peber efter smag. Dyp aubergineskiverne i melet, derefter i æggeblandingen og derefter i brødkrummerne, og pisk det godt. Lad skiverne tørre på en rist i 15 minutter.

3. Beklæd en bageplade med køkkenrulle. Tænd ovnen på den laveste indstilling. Opvarm 1/2 tomme olie i en stor, tung stegepande, indtil en lille dråbe æggeblanding syder, når den rører ved olien. Tilføj lige nok af aubergineskiverne til at passe i et enkelt lag uden at blive trængt. Steg indtil de er gyldne på den ene side, cirka 3 minutter, og vend dem derefter og brun dem på den anden side, cirka 2 til 3 minutter mere. Dræn aubergineskiverne på køkkenrulle. Hold dem lune i en lav ovn, mens du steger resten på samme måde. Serveres varm.

Aubergine med krydret tomatsauce

Melanzane i Salsa

Gør 6 til 8 portioner

Denne lagdelte ret ligner aubergine parmigiana - uden Parmigiano. Da der ikke er ost, er den lettere og friskere – god til sommerens måltider.

2 mellemstore auberginer (ca. 1 pund hver)

salt

Olie

2 fed hvidløg, knust

2 kopper tomatpuré

1/2 tsk stødt rød peber

1/2 kop revet friske basilikumblade

1. Skær toppen og bunden af auberginerne. Skær auberginerne på kryds og tværs i 1,5 cm tykke skiver. Arranger skiverne i et dørslag, og drys hvert lag med salt. Læg dørslaget på en

tallerken til afdrypning i mindst 30 minutter. Skyl saltet med koldt vand og tør skiverne med køkkenrulle.

to.Sæt en rist i midten af ovnen. Forvarm ovnen til 450 ° F. Pensl to store gelérullepande med olie. Arranger aubergineskiverne i et enkelt lag. Pensl med olie. Bages indtil let brunet, cirka 10 minutter. Vend skiverne med en metalspatel og bag indtil den anden side er gyldenbrun og skiverne er møre, når de er gennemboret, ca. 10 minutter mere.

3.I en mellemstor gryde koges hvidløget i 1/4 kop olivenolie ved middel varme, indtil det er gyldent, cirka 2 minutter. Tilsæt tomatpuré, rød peber og salt efter smag. Kog i 15 minutter eller indtil det er tyknet. Kassér hvidløget.

4.Arranger halvdelen af auberginen i et enkelt lag i et lavt fad. Fordel med halvdelen af saucen og basilikum. Gentag med de resterende ingredienser. Server ved stuetemperatur.

Aubergine parmigiana

Melanzane Parmigiana

Gør 6 til 8 portioner

Dette er en af de retter, som jeg aldrig bliver træt af. Hvis du foretrækker ikke at stege auberginen, så prøv at grille eller stege skiver.

2 1/2 kop Marinara sauce eller anden simpel tomatsauce

2 mellemstore auberginer (ca. 1 pund hver)

salt

Oliven- eller vegetabilsk olie til stegning

8 ounce frisk mozzarella, skåret i skiver

1/2 kop friskrevet Parmigiano-Reggiano eller Pecorino Romano

1. Tilbered saucen evt. Skær derefter toppen og bunden af auberginerne. Skær auberginerne på kryds og tværs i 1,5 cm tykke skiver. Arranger skiverne i et dørslag, og drys hvert lag med salt. Læg dørslaget på en tallerken til afdrypning i mindst

30 minutter. Skyl saltet med koldt vand og tør skiverne med køkkenrulle.

to. Beklæd en bageplade med køkkenrulle. Opvarm omkring 1/2 tomme af olien i en stor stegepande over medium varme, indtil et lille stykke aubergine syder, når det tilsættes til gryden. Tilføj lige nok af auberginskiverne til at passe i et enkelt lag uden at blive trængt. Steg indtil de er gyldne på den ene side, cirka 3 minutter, og vend dem derefter og brun dem på den anden side, cirka 2 til 3 minutter mere. Dræn skiverne på køkkenrulle. Kog de resterende auberginskiver på samme måde.

3.Sæt en rist i midten af ovnen. Forvarm ovnen til 350 ° F. Spred et tyndt lag tomatsauce i en 13 × 9 × 2-tommer bageform. Læg auberginskiverne i lag, og overlapp dem lidt. Dæk med et lag mozzarella, endnu et lag sauce og et drys revet ost. Gentag lagene, afslut med aubergine, sauce og revet ost.

4.Bages i 45 minutter, eller indtil saucen bobler. Lad den hvile i 10 minutter inden servering.

Brændt fennikel

Bagt Finocchio

Giver 4 portioner

Da jeg var barn, spiste vi aldrig kogt fennikel. Den er altid blevet serveret rå, tilføjet en forfriskende knas til salater, eller serveret i skiver efter et måltid, især store feriefester. Men madlavning tæmmer noget af smagen og ændrer konsistensen, så den er blød og mør.

2 mellemstore fennikelløg (ca. 1 pund)

1/4 kop olivenolie

salt

1. Sæt en rist i midten af ovnen. Forvarm ovnen til 425 ° F. Trim de grønne fennikelstilke ned til den runde pære. Trim eventuelle blå mærker med en lille kniv eller grøntsagsskræller. Skær et tyndt lag fra rodenden. Skær fennikelen i halve på langs. Skær hver halvdel på langs i 1/2 tomme tykke skiver.

to. Hæld olie i en 13×9×2-tommer bageform. Tilsæt fennikelskiverne og vend for at overtrække med olie. Arranger skiverne i et enkelt lag. Drys med salt.

3. Dæk gryden med aluminiumsfolie. Bages 20 minutter. Afdæk og steg i yderligere 15 til 20 minutter, eller indtil fennikelen er mør, når den gennembores med en kniv. Serveres varm eller ved stuetemperatur.

Fennikel med parmesanost

Finocchio alla Parmigiano

Giver 6 portioner

Denne fennikel koges først i vand for at gøre den blødere. Den toppes derefter med revet Parmigiano og bages. Server med kalvesteg eller flæsk.

2 små fennikelløg (ca. 1 pund)

salt

2 spsk usaltet smør

Friskkværnet sort peber

1/4 kop revet Parmigiano-Reggiano

1. Sæt en rist i midten af ovnen. Forvarm ovnen til 450 ° F. Smør generøst en 13×9×2-tommer bageform.

to. Trim de grønne fennikelstilke ned til den afrundede løg. Trim eventuelle blå mærker med en lille kniv eller grøntsagsskræller. Skær et tyndt lag fra rodenden. Skær løgene på langs gennem kernen i 1/4 tomme tykke skiver.

3.I en stor gryde koges 2 liter vand. Tilsæt fennikel og 1 tsk salt. Reducer varmen og lad det simre uden låg, indtil fennikel er mør, 8 til 10 minutter. Dræn godt og tør.

4.Arranger fennikelskiverne i et enkelt lag på bagepladen. Drys med smør og drys med salt og peber efter smag. Dæk med ost. Bages i 10 minutter, eller indtil osten er let brunet. Serveres varm eller ved stuetemperatur.

Fennikel med ansjossauce

Finocchio med Salsa di Acciughe

Giver 4 portioner

I stedet for at blødgøre fennikelen ved at koge den, dækker og steger du den i denne opskrift, så den kan dampe i sin egen saft. Smagen forbliver intakt og fennikelen er lidt sprød, men stadig blød. Hvis du foretrækker blødere fennikel, så kog den som i fennikelopskriften.Fennikel med parmesanost.

Fordi fennikel tilberedt på denne måde er så smagfuld, kan jeg godt lide at servere den med usminket grillet kylling eller svinekoteletter. Dette giver også en god antipasto-ret ved stuetemperatur.

2 mellemstore fennikelløg (ca. et kilo)

4 ansjosfileter, drænet og hakket

2 spsk hakket frisk persille

2 spsk kapers, vasket og drænet

Friskkværnet sort peber

Salt (valgfrit)

1/4 kop olivenolie

1. Sæt en rist i midten af ovnen. Forvarm ovnen til 375 ° F. Smør en 13×9×2-tommer bageplade.

to. Trim de grønne fennikelstilke ned til den afrundede løg. Trim eventuelle blå mærker med en lille kniv eller grøntsagsskræller. Skær et tyndt lag fra rodenden. Skær løgene på langs gennem kernen i 1/4 tomme tykke skiver.

3. Anbring fennikelen i et enkelt lag i gryden, og overlapp skiverne lidt. Drys ansjoser, persille, kapers og peber over toppen. Tilsæt salt, hvis det ønskes. Dryp med olivenolie.

4. Dæk bageformen med alufolie. Bages i 40 minutter eller indtil fennikelen er mør. Fjern forsigtigt folien og steg i yderligere 5 minutter, eller indtil fennikelen er mør, når den er gennemboret, men ikke blød. Lad den køle lidt af inden servering.

Grønne bønner med persille og hvidløg

Fagiolini al Aglio

Giver 4 portioner

Frisk persille er essentiel i det italienske køkken. Jeg har altid en masse i mit køleskab. Når jeg får det med hjem fra butikken, klipper jeg enderne og lægger stilkene i en krukke med vand. Tildækket med en plastikpose holder salsaen sig frisk i mindst en uge i køleskabet, især hvis jeg passer på med at skifte vandet i glasset. Vask persillen, før du bruger den for at fjerne eventuelle korn og fjerne bladene fra stænglerne. Hak persillen på et skærebræt med en stor kokkekniv, eller hvis du foretrækker det, riv den bare i små stykker. Hakket frisk persille tilføjer farve og friskhed til mange fødevarer.

Som en variation, giv disse bønner et sidste kast i gryden med lidt citronskal før servering.

1 kilo grønne bønner

salt

3 skeer olivenolie

1 fed hvidløg, finthakket

2 spsk hakket frisk persille

Friskkværnet sort peber

1. Skær stilkenderne af de grønne bønner. Bring ca. 2 liter vand i kog i en stor gryde. Tilsæt bønner og salt efter smag. Kog uden låg, indtil bønnerne er møre, 4 til 5 minutter.

to. Dræn bønnerne og tør dem. (Hvis du ikke bruger dem med det samme, så afkøl dem under koldt rindende vand. Pak bønnerne ind i et køkkenrulle og lad dem stå ved stuetemperatur i op til 3 timer).

3. Lige inden servering opvarmes olivenolien med hvidløg og persille i en stor pande ved middel varme. Tilsæt bønnerne og en knivspids peber. Kast forsigtigt 2 minutter, indtil det er varmt. Serveres varm.

Grønne bønner med hasselnødder

Fagiolini al Nocciole

Giver 4 portioner

Valnødder og mandler er også gode med disse kerner, hvis du foretrækker det.

1 kilo grønne bønner

salt

3 spiseskefulde usaltet smør

1/3 kop hakkede hasselnødder

1. Skær stilkenderne af de grønne bønner. Bring ca. 2 liter vand i kog i en stor gryde. Tilsæt bønner og salt efter smag. Kog uden låg, indtil bønnerne er møre, 4 til 5 minutter.

to. Dræn kornene godt og tør dem. (Hvis du ikke bruger dem med det samme, så afkøl dem under koldt rindende vand. Pak bønnerne ind i et køkkenrulle og lad dem stå ved stuetemperatur i op til 3 timer).

3. Lige inden servering varmes smørret op i en stor pande. Tilsæt hasselnødderne og kog under jævnlig omrøring, indtil nødderne er let ristede, og smørret er let brunet, cirka 3 minutter.

4. Tilsæt bønnerne og et nip salt. Kog, under jævnlig omrøring, indtil det er opvarmet, 2 til 3 minutter. Server straks.

Grønne bønner med grøn sauce

Fagiolini med Pesto

Giver 4 portioner

Tilføj nogle kogte nye kartofler til disse grønne bønner, hvis du vil. Server dem med grillet laks eller tunbøffer.

1/4 kop Grøn sauce

1 kilo grønne bønner

salt

1. Tilbered evt. den grønne sauce. Dernæst skærer du stilkenderne af de grønne bønner. Bring ca. 2 liter vand i kog i en stor gryde. Tilsæt bønner og salt efter smag. Kog uden låg, indtil bønnerne er møre, 5 til 6 minutter.

to. Dræn kornene godt og tør dem. Dryp med saucen. Serveres lun eller ved stuetemperatur.

Grønne bønner salat

Fagiolini i Insalata

Giver 6 portioner

Ansjos og friske krydderurter giver smag til denne grønne bønnesalat. Hvis det ønskes, tilsæt et par strimler ristet rød peber.

1 1/2 pund grønne bønner

4 ansjosfileter

2 fed hvidløg, finthakket

2 spsk hakket frisk persille

1 spsk hakket frisk mynte

1/4 kop olivenolie

2 spsk rødvinseddike

Salt og friskkværnet sort peber

1. Skær stilkenderne af de grønne bønner. Bring ca. 2 liter vand i kog i en stor gryde. Tilsæt bønner og salt efter smag. Kog uden låg, indtil bønnerne er møre, 5 til 6 minutter.

to. Skyl bønnerne i koldt vand og dryp dem godt af. Tør.

3. I en mellemstor skål kombineres ansjoser, hvidløg, persille, mynte og salt og peber efter smag. Tilsæt olie og eddike.

4. Bland de grønne bønner med saucen og server.

Grønne bønner i tomat- og basilikumsauce

Fagiolini i Salsa di Pomodoro

Giver 6 portioner

Disse passer godt til pølser eller grillede ribben.

1 1/2 pund grønne bønner

salt

2 spsk usaltet smør

1 lille løg, finthakket

2 kopper flåede, frøede og hakkede friske tomater

Friskkværnet sort peber

6 friske basilikumblade, skåret i stykker

1. Skær stilkenderne af de grønne bønner. Bring ca. 2 liter vand i kog i en stor gryde. Tilsæt bønner og salt efter smag. Kog uden låg, indtil bønnerne er møre, 4 til 5 minutter. Skyl bønnerne i koldt vand og dryp dem godt af. Tør.

to.I en mellemstor gryde smeltes smørret over medium varme. Tilsæt løget og steg under jævnlig omrøring, indtil det er gyldent, cirka 10 minutter. Tilsæt tomater og salt og peber efter smag. Bring i kog og kog i 10 minutter.

3.Tilsæt de grønne bønner og basilikum. Kog indtil gennemvarmet, cirka 5 minutter længere.

Grønne bønner med Pancetta og løg

Fagiolini alla Pancetta

Giver 6 portioner

Grønne bønner er mere smagfulde og har en bedre tekstur, når de koges, indtil de er møre. Den nøjagtige tilberedningstid afhænger af bønnernes størrelse, friskhed og modenhed. Jeg plejer at prøve en eller to for at være sikker. Jeg kan godt lide dem, når de ikke går i stykker længere, men de er ikke bløde eller squishy. Denne opskrift er fra Friuli-Venezia Giulia.

1 kilo grønne bønner

salt

1/2 kop hakket pancetta (ca. 2 ounces)

1 lille løg, hakket

2 fed hvidløg, finthakket

2 spsk hakket frisk persille

2 friske salvieblade

2 skeer olivenolie

1. Skær stilkenderne af de grønne bønner. Bring ca. 2 liter vand i kog i en stor gryde. Tilsæt bønner og salt efter smag. Kog uden låg, indtil bønnerne er møre, 4 til 5 minutter. Skyl bønnerne i koldt vand og dryp dem godt af. Tør. Skær bønnerne i små stykker.

to. I en stor stegepande sauteres pancetta, løg, hvidløg, persille og salvie i olivenolie ved middel varme, indtil løget er gyldent, cirka 10 minutter. Tilsæt de grønne bønner og et nip salt. Kog indtil gennemvarmet, cirka 5 minutter længere. Serveres varm.

Grønne bønner med tomat og pancetta sauce

Fagiolini med Salsa di Pomodori og Pancetta

Giver 4 portioner

Disse bønner er et godt måltid med en frittata eller omelet.

1 kilo grønne bønner

salt

1/4 kop hakket pancetta (ca. 1 ounce)

1 fed hvidløg, finthakket

2 skeer olivenolie

2 store modne tomater, pillede, frøet og hakket

2 kviste frisk rosmarin

Friskkværnet sort peber

1. Forbered bønnerne som beskrevet i trin 1 iGrønne bønner med Pancetta og løgopskrift, men skær dem ikke i stykker.

to. I en mellemstor gryde sauteres pancetta og hvidløg i olivenolie ved middel varme, indtil de er gyldne, cirka 5 minutter. Tilsæt tomater, rosmarin og salt og peber efter smag. Bring i kog og kog i 10 minutter.

3. Rør bønnerne i saucen og kog indtil de er gennemvarme, cirka 5 minutter. Fjern rosmarinen. Serveres varm.

Grønne bønner med parmesan

Parmigiana Fagiolini

Giver 4 portioner

Citronskal, muskatnød og ost tilføjer smag til disse grønne bønner. Brug friske ingredienser for de bedste resultater.

1 pund grønne bønner, trimmet

2 skeer smør

1 lille løg, hakket

1/2 tsk frisk citronskal

Knip friskkværnet muskatnød

Salt og friskkværnet sort peber

1/4 kop friskrevet Parmigiano-Reggiano

1. Skær stilkenderne af de grønne bønner. Bring ca. 2 liter vand i kog i en stor gryde. Tilsæt bønner og salt efter smag. Kog uden låg, indtil bønnerne er møre, 4 til 5 minutter. Skyl bønnerne i koldt vand og dryp dem godt af. Tør.

to. I en mellemstor stegepande smeltes smørret over medium varme. Tilsæt løget og steg til det er gyldent, cirka 10 minutter. Tilsæt bønner, citronskal, muskatnød og salt og peber efter smag. Drys med ost og fjern fra varmen. Lad osten smelte lidt og server varm.

Voksbønner med oliven

Fagiolini Giallo med oliven

Giver 4 portioner

Lyse sorte oliven og grøn persille giver en levende farvekontrast til lysegule vokskorn; Grønne bønner er også velsmagende tilberedt på denne måde. For at servere disse korn ved stuetemperatur skal du erstatte olivenolien med smør, som hærder, når den afkøles.

1 pund gul voks eller grønne bønner

salt

3 spiseskefulde usaltet smør

1 lille løg, hakket

1 fed hvidløg, finthakket

½ kop glatte sorte oliven, såsom Gaeta, udstenede og hakkede

2 spsk hakket frisk persille

1. Skær stilkenderne af de grønne bønner. Bring ca. 2 liter vand i kog i en stor gryde. Tilsæt bønner og salt efter smag. Kog uden låg, indtil bønnerne er møre, 4 til 5 minutter. Skyl bønnerne i koldt vand og dryp dem godt af. Tør. Skær bønnerne i 1-tommers stykker.

to. I en stegepande, der er stor nok til at rumme alle kornene, smeltes smørret over medium varme. Tilsæt løg og hvidløg og steg indtil de er bløde og gyldne, cirka 10 minutter.

3. Tilsæt bønner, oliven og persille, indtil de er gennemvarme, cirka 2 minutter. Serveres varm.

Spinat med citron

Spinat i Limone

Giver 4 portioner

Et skvæt olivenolie og et par dråber frisk citronsaft liver op til smagen af kogt spinat eller andet bladgrønt.

2 pund frisk spinat, seje stængler fjernet

1/4 kop vand

salt

Ekstra jomfru oliven olie

Citronskiver

1. Vask spinaten godt i flere skift koldt vand. Kom spinat, vand og et nip salt i en stor gryde. Dæk gryden til og tænd på middel varme. Kog i 5 minutter, eller indtil spinaten er visnet og blød. Dræn spinaten og pres overskydende vand ud.

to. I en skål blandes spinaten med olivenolie efter smag.

3. Serveres, varm eller ved stuetemperatur, pyntet med citronskiver.

Spinat eller andet grønt med smør og hvidløg

Grøntsager al Burro

Giver 6 portioner

Mildheden af smør og hvidløg passer særligt godt sammen med den lille bitterhed af grønt som spinat eller chard.

2 pund spinat, seje stængler fjernet

¼ kop vand

salt

2 spsk usaltet smør

1 fed hvidløg, finthakket

Friskkværnet sort peber

1. Vask spinaten godt i flere skift koldt vand. Kom spinat, vand og et nip salt i en stor gryde. Dæk gryden til og tænd på middel varme. Kog i 5 minutter, eller indtil spinaten er visnet og blød. Dræn spinaten og pres overskydende vand ud.

to. I en mellemstor stegepande smeltes smørret over medium varme. Tilsæt hvidløg og steg indtil de er gyldne, cirka 2 minutter.

3. Rør spinat og salt og peber i efter smag. Kog, under omrøring lejlighedsvis, indtil det er opvarmet, cirka 2 minutter. Serveres varm.

Spinat med rosiner og pinjekerner

Spinat med vindruer og pinoli

Giver 4 portioner

Rosiner og pinjekerner bruges til at smage mange retter i det sydlige Italien og i hele Middelhavet. Mangold eller roegrønt kan også tilberedes på denne måde.

2 pund frisk spinat, seje stængler fjernet

¼ kop vand

salt

2 spsk usaltet smør

Friskkværnet sort peber

2 skeer rosiner

2 spsk pinjekerner, ristede

1.Vask spinaten godt i flere skift koldt vand. Kom spinat, vand og et nip salt i en stor gryde. Dæk gryden til og tænd på middel varme. Kog i 5 minutter, eller indtil spinaten er visnet og blød. Dræn spinaten og pres overskydende vand ud.

to. Rengør gryden. Smelt smørret i gryden, og tilsæt derefter spinat og rosiner. Rør en eller to gange og kog i 5 minutter, indtil rosinerne er bløde. Drys med pinjekerner og server med det samme.

Spinat med ansjos, Piemonte-stil

Spinaci alla Piemontese

Giver 6 portioner

I Piemonte serveres denne velsmagende spinat ofte på brødskiver stegt i smør, men den er også god alene. En anden variant er at toppe spinaten med stegte eller pocherede æg.

2 pund frisk spinat, seje stængler fjernet

1/4 kop vand

salt

1/4 kop usaltet smør

4 ansjosfileter

1 fed hvidløg, finthakket

1. Vask spinaten godt i flere skift koldt vand. Kom spinat, vand og et nip salt i en stor gryde. Dæk gryden til og tænd på middel varme. Kog i 5 minutter, eller indtil spinaten er visnet og blød. Dræn spinaten og pres overskydende vand ud.

to. Rengør gryden. Smelt smørret i gryden. Tilsæt ansjoser og hvidløg og kog under omrøring, indtil ansjoserne er opløst, cirka 2 minutter. Tilsæt spinaten og kog under jævnlig omrøring, indtil den er opvarmet, 2 til 3 minutter. Serveres varm.

Escarole med hvidløg

Scarola al'Aglio

Giver 4 portioner

Escarole er medlem af den store og varierede cikoriefamilie, som omfatter endivie, frisée, mælkebøtte og radicchio. Escarole er meget populær i napolitanske køkkener. Små hoveder af endivie fyldes og ristes, de møre inderblade spises rå i salater, og endivie koges også i suppe. Varier denne ret ved at udelade den røde peber og tilføje 1/4 kop rosiner.

1 hoved endivie (ca. 1 pund)

3 skeer olivenolie

3 fed hvidløg, skåret i tynde skiver

Kniv knust rød peber (valgfrit)

salt

1. Trim escarole og kassér eventuelle forslåede blade. Skær stilkenderne af. Adskil bladene og vask godt i koldt vand, især

i midten af bladene, hvor der samles jord. Stabel bladene og skær dem i små stykker.

to. I en stor gryde, kog hvidløg og rød peber, hvis du bruger, i olivenolien over medium varme, indtil hvidløget er gyldent, cirka 2 minutter. Tilsæt endivie og salt efter smag. Ryst godt. Dæk panden og kog indtil escarole er mør, cirka 12 til 15 minutter. Serveres varm.

Mælkebøtte med kartofler

Dente di Leone med Patate

Giver 4 portioner

Grønkål eller mangold kan erstatte mælkebøttegrønt - du har brug for en grøntsag, der er fast nok til at tilberede samtidig med kartoflerne. Lidt vineddike bringer smagen frem af disse hvidløgagtige grøntsager og kartofler.

1 bundt mælkebøttegrønt (ca. 1 pund)

6 små kartofler, skrællet og skåret i tern

salt

3 fed hvidløg, hakket

3 skeer olivenolie

1 spsk hvidvinseddike

1. Trim mælkebøtten og kassér eventuelle forslåede blade. Skær stilkenderne af. Adskil bladene og vask godt i koldt vand, især i midten af bladene, hvor der samles jord. Skær bladene på kryds og tværs i små stykker.

to. Bring ca. 4 liter vand i kog. Tilsæt kartoffelskiverne, mælkebøtten og salt efter smag. Bring vandet i kog igen og kog indtil grøntsagerne er møre, cirka 10 minutter. Tør godt.

3. Svits hvidløget i olivenolie i en stor stegepande, indtil det er gyldent, cirka 2 minutter. Tilsæt grøntsagerne, eddike og en knivspids salt. Kog, omrør godt, indtil det er opvarmet, cirka 2 minutter. Serveres varm.

Svampe med hvidløg og persille

Svampe Trifolati

Giver 4 portioner

Dette er sandsynligvis den mest populære måde at tilberede svampe på i Italien. Prøv at tilføje nogle eksotiske svampevarianter for mere smag.

1 pakke (10 til 12 ounce) hvide knapsvampe

¼ kop olivenolie

2 spsk hakket frisk persille

2 store fed hvidløg, skåret i tynde skiver

Salt og friskkværnet sort peber

1. Læg svampene i et dørslag og skyl dem hurtigt under koldt rindende vand. Dræn svampene og tør dem. Skær svampene i halve eller kvarte, hvis de er store. Klip enderne, hvis de ser tørre ud.

to. I en stor stegepande opvarmes olivenolien over medium varme. Tilsæt svampene. Kog, omrør ofte, indtil svampene er brune, 8 til 10 minutter. Tilsæt persille, hvidløg, salt og peber. Kog indtil hvidløget er gyldent, cirka 2 minutter mere. Serveres varm.

www.ingramcontent.com/pod-product-compliance
Lightning Source LLC
Chambersburg PA
CBHW050149130526
44591CB00033B/1210